Collins

Cambridge IGCSE™

Mandarin Chinese
as a Foreign Language

Workbook

Chua Ting Fang
Grace Trefalt
Yalun Ellen Yilmaz
Yu-Chun Lin

Series editor: Michelle Tate

William Collins' dream of knowledge for all began with the publication of his first book in 1819.

A self-educated mill worker, he not only enriched millions of lives, but also founded a flourishing publishing house. Today, staying true to this spirit, Collins books are packed with inspiration, innovation and practical expertise. They place you at the centre of a world of possibility and give you exactly what you need to explore it.

Published by Collins
An imprint of HarperCollins*Publishers*
The News Building, 1 London Bridge Street,
London, SE1 9GF

HarperCollins*Publishers*
Macken House, 39/40 Mayor Street Upper,
Dublin 1, D01 C9W8, Ireland

Browse the complete Collins catalogue at
collins.co.uk

© HarperCollins*Publishers* Limited 2026

10 9 8 7 6 5 4 3 2 1

A catalogue record for this publication is available from the British Library.

ISBN 978-0-00-878063-0

Authors: Chua Ting Fang, Grace Trefalt,
Yalun Ellen Yilmaz and Yu-Chun Lin
Series editor and content consultant: Michelle Tate
Series consultants: Katharine Carruthers and Celia Wigley
Publisher: Catherine Martin
Senior product manager: Jennifer Hall
Content editor: Selin Akca
Development editor: Lin Luan
Copyeditor: Just Content Ltd
Proofreaders: Just Content Ltd
Cover designer: Kevin Robbins and James Hunter
Cover pattern: Slice Lemon/Shutterstock
Typesetter and illustrator: Six Red Marbles India Ltd
Production controller: Alhady Ali
Printed and bound in the UK by Martins the Printers

With thanks to: Rachel Mun Yik Mah, Nobel International School, Kuala Lumpur, Malaysia; Terrisa Chen Hsiu Ju, Maple Leaf Kingsley International School in Subang Jaya, Malaysia; Tian Chunzi, Wellington College International School, Bangkok, Thailand; Jiamin Ye, Shrewsbury International School Bangkok Riverside, Thailand; Anhui Lin, St Andrews International School Bangkok, Thailand; Sijun Liu, St Marks Australian International School, Bangkok, Thailand; Justin Wu, Tonbridge School, UK.

Endorsement indicates that a resource has passed Cambridge International Education's rigorous quality-assurance process and is suitable to support the delivery of a Cambridge syllabus. However, endorsed resources are not the only suitable materials available to support teaching and learning, and are not essential to achieve the qualification. For the full list of endorsed resources to support this syllabus, visit www.cambridgeinternational.org/endorsed-resources

Any example answers to questions taken from past question papers, practice questions, accompanying marks and mark schemes included in this resource have been written by the authors and are for guidance only. They do not replicate examination papers. In examinations the way marks are awarded may be different. Any references to assessment and/ or assessment preparation are the publisher's interpretation of syllabus requirements. Examiners will not use endorsed resources as a source of material for any assessment set by Cambridge International Education.

While the publishers have made every attempt to ensure that advice on the qualification and its assessment is accurate, the official syllabus, specimen assessment materials and any associated assessment guidance materials produced by the awarding body are the only authoritative source of information and should always be referred to for definitive guidance.

Our approach is to provide teachers with access to a wide range of high-quality resources that suit different styles and types of teaching and learning.

For more information about the endorsement process, please visit www.cambridgeinternational.org/endorsed-resources

Acknowledgements

Cambridge International Education material in this publication is reproduced under licence and remains the intellectual property of Cambridge University Press & Assessment.

The publishers gratefully acknowledge the permission granted to reproduce the copyright material in this book. Every effort has been made to trace copyright holders and to obtain their permission for the use of copyright material. The publishers will gladly receive any information enabling them to rectify any error or omission at the first opportunity.

Contents

How to use this book

This Workbook gives you more practice in reading, speaking and writing, as well as in grammar and vocabulary. Each of the main lessons in the Student's Book **(Lessons .1–.5)** has a lesson in the Workbook, so you can study a lesson in the Student's Book and then complete the lesson in the Workbook. There are cross-references in the bottom bar to the Grammar pages in the Student's Book if you need support with selected activities. At the end of each chapter, there is an **Exploring language** page to develop your vocabulary and language acquisition, and an **Extended speaking practice** page with a conversation or role play to build your confidence in speaking. Doing the activities in this workbook will give you a deeper understanding of the grammar and vocabulary, as well as improve your written and spoken Chinese. You can do the activities in the Workbook on your own, and they can be done in class or at home for homework. The Workbook provides learner support for the Cambridge IGCSE™ Mandarin Chinese as a Foreign Language syllabus (0547).

Answers can be found at www.collins.co.uk/internationalresources

1 这是我 This is me

1.1 我的家庭 My family

1 用学过的词语填写表格, 越多越好。 **Complete the table with as many words as you can.**

Male family members	Female family members

2 读一读, 画出每个人的家族树。 **Read the texts and complete each person's family tree.**

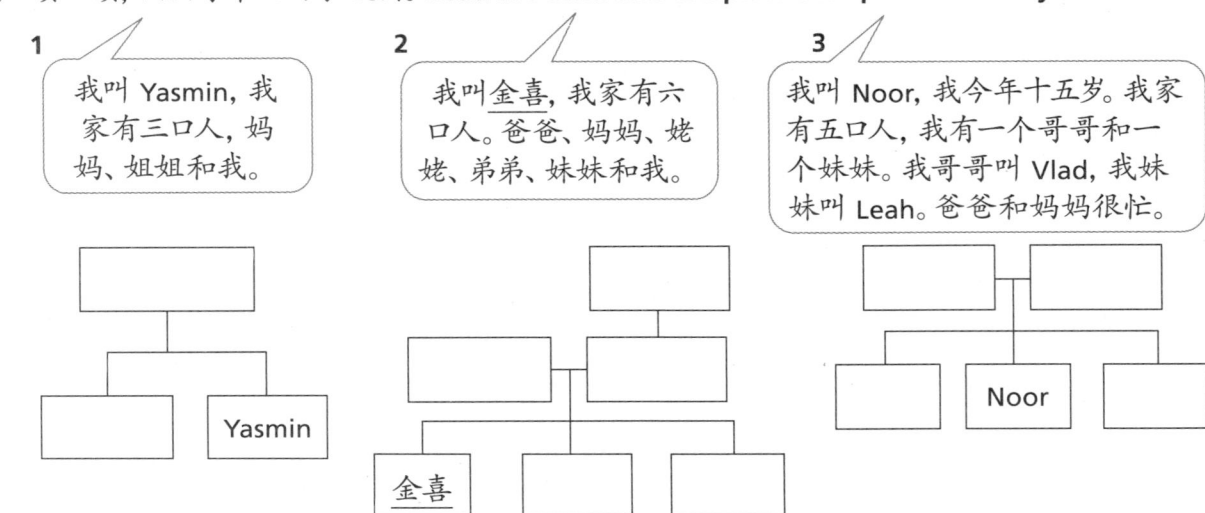

1

我叫 Yasmin, 我家有三口人, 妈妈、姐姐和我。

2

我叫金喜, 我家有六口人。爸爸、妈妈、姥姥、弟弟、妹妹和我。

3

我叫 Noor, 我今年十五岁。我家有五口人, 我有一个哥哥和一个妹妹。我哥哥叫 Vlad, 我妹妹叫 Leah。爸爸和妈妈很忙。

Yasmin

金喜

Noor

3 把问题和答案配对, 然后和同学练习对话。 **Match the questions to the answers. Practise saying these with your partner.**

1　你好吗?

2　你家有几口人?

3　你妈妈有几个兄弟?

4　他有没有兄弟姐妹?

5　Natcha 的弟弟叫什么名字?

a　她没有兄弟。

b　他有一个姐姐和一个妹妹。

c　我很好, 谢谢。

d　他叫 Chanathip。

e　我家有四口人。

4 用方框里的疑问词完成问题。 **Complete the questions with question words from the box.**

什么　　　吗　　　谁　　　哪　　　几

1　Mira 的爸爸忙＿＿＿＿＿?

2　你家有＿＿＿＿＿?

3　她的哥哥叫＿＿＿＿＿名字?

4　＿＿＿＿＿个是你的爷爷?

5　姥姥的生日是＿＿＿＿＿月＿＿＿＿＿日?

→ *Grammar: A4 Interrogative sentences using* 吗 *SB p. 319, Interrogative sentences using question words SB p.320*

5 以练习 2 为例，看 Nizard 的家族树，写一段短文介绍他的家庭。**Look at Nizard's family tree and write an introduction about his family. Use activity 2 as an example.**

1.2 家人和朋友 Family and friends

1 读一读，选择正确的句子写在前面的括号里。**Read and choose the correct sentence. Write the correct letter in the brackets.**

( ) 1 a 我的眼睛小小的。

b 我的眼睛高高的。

( ) 2 a 姐姐的头发短短的。

b 姐姐的头发矮矮的。

( ) 3 a 我的妈妈又高又矮。

b 我的妈妈又高又好看。

( ) 4 a 我的好朋友又胖又长。

b 我的好朋友又可爱又漂亮。

( ) 5 a 姥爷的眼睛又大又圆。

b 姥爷的眼睛又长又生气。

2 读句子，然后翻译成英语或你常用的语言。**Read the sentences below and translate into English or your preferred language.**

1 我叫 Alvin。我的眼睛大大的，头发短短的。我不高，我很可爱。

_____

2 我姐姐叫小月。她很漂亮，眼睛又大又圆，头发长长的。她矮矮的，她很聪明。

_____

3 我的好朋友叫 Imran。他的眼睛长长的，而且戴眼镜，头发也长长的。他又高又酷。

_____

3 圈出句子里的静态动词或形容词，然后用括号里的句型重写句子。Circle the stative verbs or adjectives in each sentence. Rewrite the sentences using the words in brackets.

1 我很高，我很漂亮。(又……又……)

_____

2 我的猫瘦瘦的，而且很聪明。(又……又……)

_____

3 你的好朋友高吗？(……不……?)

_____

4 你哥哥酷吗？(……不……?)

_____

4 用下列词语造句。Make sentences including the following words.

1 圆 胖 又……又……

_____

2 聪明 漂亮 又……又……

_____

3 可爱 ……不……?

_____

4 友好 ……不……?

_____

5 把词语按正确的顺序组成句子。Put the words in the correct order to make sentences.

1 胖/笨/Noor/的/又/又/小狗

_____

2 眼睛/头发/很/大/直，/我的/不

_____

3 不/你的/好看/好看/哥哥？

_____

4 长/卷/又/我/八岁，/又/妹妹/头发/她的

_____

_____

➔ *Grammar: A3 & A4 & A5 Conjunctive use of adverbs SB p.314, Interrogative sentences using stative verb 不 stative verb SB p.320*

6 写出下列词语的反义词。**Write the opposites.**

1 矮

＿＿＿＿＿＿＿＿＿

2 瘦

＿＿＿＿＿＿＿＿＿

3 聪明

＿＿＿＿＿＿＿＿＿

4 长

＿＿＿＿＿＿＿＿＿

5 直

＿＿＿＿＿＿＿＿＿

6 小

＿＿＿＿＿＿＿＿＿

7 用完整的句子回答有关你好朋友的问题，然后练习说出来。**Answer the questions about your good friend. Write full sentences. Practise saying your answers.**

1 你的好朋友叫什么？

＿＿＿＿＿＿＿＿＿＿＿＿＿＿＿＿＿＿＿＿＿＿＿＿＿＿＿＿＿＿＿＿

2 他/她家里有谁？

＿＿＿＿＿＿＿＿＿＿＿＿＿＿＿＿＿＿＿＿＿＿＿＿＿＿＿＿＿＿＿＿

3 你的好朋友眼睛大不大？

＿＿＿＿＿＿＿＿＿＿＿＿＿＿＿＿＿＿＿＿＿＿＿＿＿＿＿＿＿＿＿＿

4 你的好朋友头发长不长？

＿＿＿＿＿＿＿＿＿＿＿＿＿＿＿＿＿＿＿＿＿＿＿＿＿＿＿＿＿＿＿＿

5 你的好朋友是什么样的人？

＿＿＿＿＿＿＿＿＿＿＿＿＿＿＿＿＿＿＿＿＿＿＿＿＿＿＿＿＿＿＿＿

1.3 健康的饮食习惯 Healthy eating routines

1 圈出不属于该组的词语，并说明理由。**Circle the word that doesn't belong in the group. Give reasons for your choice.**

1 牛奶　面包　面条　油条

＿＿＿＿＿＿＿＿＿＿＿＿＿＿＿＿＿＿＿＿＿＿＿＿＿＿＿＿＿＿＿＿

2 方便面　粥　米饭　酱油

＿＿＿＿＿＿＿＿＿＿＿＿＿＿＿＿＿＿＿＿＿＿＿＿＿＿＿＿＿＿＿＿

3 酸奶　点心　果汁　海鲜

＿＿＿＿＿＿＿＿＿＿＿＿＿＿＿＿＿＿＿＿＿＿＿＿＿＿＿＿＿＿＿＿

4 鱼肉　海鲜　蔬菜　鸡肉

＿＿＿＿＿＿＿＿＿＿＿＿＿＿＿＿＿＿＿＿＿＿＿＿＿＿＿＿＿＿＿＿

2 用方框里的词语完成句子。**Complete the sentences with words from the box.**

| 有时候 | 喝 | 健康 | 早饭 | 麻烦 | 加 | 有时候 |

　　每天做饭很 1 _____，但是爸爸觉得 2 _____ 的食物很重要。我们 3 _____ 吃粥和鸡蛋，有时候吃面包、喝牛奶。中午我吃学校的午饭，我吃面条和鸡肉，我也 4 _____ 饮料。可是学校的午饭 5 _____ 了很多盐或者酱油。爸爸每天做晚饭。我们 6 _____ 吃米饭，7 _____ 吃面条，但是天天都有蔬菜、肉、鸡蛋和汤。

3 再读一次练习 2 的短文，选择正确的答案写在前面的括号里。**Read the text in activity 2 and choose the correct answers. Write the correct letter in the brackets.**

( )1 我们早饭吃什么？　　　　**a** 面包　　　**b** 面条　　　**c** 蔬菜　　　**d** 茶

( )2 我在学校吃什么午饭？　　**a** 米饭　　　**b** 饼　　　　**c** 鱼肉　　　**d** 面条

( )3 学校的午饭怎么样？　　　**a** 加了很多醋　**b** 很好吃　　**c** 加了很多酱油　**d** 我很喜欢

( )4 谁做晚饭？　　　　　　　**a** 我　　　　　**b** 妈妈　　　**c** 爸爸　　　**d** 爷爷

( )5 我每天晚饭吃什么？　　　**a** 鸡蛋　　　　**b** 面条　　　**c** 米饭　　　**d** 油条

4 把下面的句子写完整。**Complete and write full sentences.**

1 我觉得早饭……

_____

2 学校的午饭……

_____

3 我爱吃……

_____

5 用完整的句子回答问题，然后练习说你的答案。**Answer the questions. Write full sentences. Practise saying your answers.**

1 什么是健康的早饭？

_____

2 你午饭喜欢吃什么？

_____

3 妈妈觉得不健康的食物是什么？

_____

4 你晚饭吃了什么？

_____

6 选择合适的词语完成句子。**Choose the best option to complete the sentences.**

我爸爸早饭爱吃甜面包 (和 / 或者) 喝牛奶。妈妈喜欢吃粥 (和 / 或者) 米饭。我喜欢早饭吃方便面, (和 / 但是) 吃了方便面很渴, 必须喝很多水。妈妈说不 (应该 / 必须) 吃方便面, 太不健康了! 她说我 (必须 / 可以) 吃面条鸡蛋汤, (和 / 必须) 吃健康的食物。

7 写一段短文, 说说你的饮食习惯。**Write a short paragraph about your eating habits.**

- 你在家吃饭吗?
- 你们家一般谁做饭?
- 早饭、午饭、晚饭你喜欢吃什么?
- 你吃的食物健康吗?
- 你应该多吃什么?

_____

_____

_____

_____

1.4 生病了 Feeling unwell

1 把词语放入正确的分类中。**Put the words into the correct categories.**

Parts of the body 眼睛	鼻子 牙齿 头疼 肚子 头 感冒 脚 耳朵 牙疼 咳嗽 嗓子疼 腿 胃痛 眼睛 发烧	Feeling unwell 发烧

2 读句子, 画出图画。**Read the descriptions and draw your unique creatures.**

a 我的脸上有三个大眼睛, 一个大嘴, 很多牙齿。我的皮肤是绿色的。我有长手长腿。

b 我有两个头, 每一个头有两个眼睛、一个鼻子、两个耳朵和一个嘴。

c 我有短短的手和大大的脚。我的肚子大大的。我有长长的头发和一个眼睛。

3 用方框中的句子完成对话。然后和你的同学练习对话。**Complete the conversation. Practise saying this with your partner.**

医生: 你好, _____

小年: _____

医生: 什么时候开始的?

小年: _____

医生: 你应该少吃水果。你要吃中药、多喝热茶。

小年: 好的。_____

医生: 一天三次, _____

小年: 好, 谢谢医生。

A	很多天了!
B	早上、中午和晚上。
C	我一天必须吃几次药?
D	我感冒咳嗽。
E	你怎么了?

4 再读练习 **3** 的对话, 判断句子的对错, 错的改正。**Read the conversation again and decide if the sentences are true (T) or false (F). Correct the false sentences.**

1 小年去中医看病。T/F _____

2 他爸爸生病了。T/F _____

3 医生说小年应该少吃零食。T/F _____

4 小年需要吃中药。T/F _____

5 他一天必须喝茶三次。T/F _____

5 把词语按正确的顺序组成句子。**Put the words in the correct order to make sentences.**

1 了 早上 今天 生病 姐姐

_____

2 头疼 姐姐 了 发烧 而且

_____

3 吃 叫 中药 医生 她

_____

4 喝水 姐姐 多 要

_____

6 用下列词语造句。**Use the words to write sentences.**

1 什么?:_____

2 次:_____

3 哪儿?:_____

4 ……了(change of status): _____

5 又……又…… _____

7 你是 王大山, 你在中国看病。请用中文填写下面的表格。**You are Wang Dashan. You are in a hospital in China. Please fill in the following form in Chinese.**

大明中西医医院

名字:

生日:

电话:

想看中医/西医: 中医 / 西医

有没有吃药: 有 / 没有

哪儿生病:

_____

_____

1.5 运动和健身 Sport and exercise

1 把运动和场所搭配起来。有些问题可能有多个答案。**Match the sports to the most common places you do them. More than one answer is possible.**

A 公园　　　　B 运动场　　　　C 健身房　　　　D 俱乐部

1 乒乓球 _____　　5 足球 _____

2 网球 _____　　6 散步 _____

3 羽毛球 _____　　7 太极拳 _____

4 游泳 _____　　8 跑步 _____

2 用方框里的词语组成正确的短语。**Complete the phrases with words from the box.**

骑　打　玩　踢

1 _____ 橄榄球　　5 _____ 足球

2 _____ 篮球　　6 _____ 太极拳

3 _____ 羽毛球　　7 _____ 保龄球

4 _____ 自行车　　8 _____ 滑板

→ *Grammar: A6 Conjunctive use of adverbs SB p.314, Interrogative sentences using questions words SB p.320, Sentence particle 了 indicating a changed situation SB p.321*

3 用练习 **1** 和练习 **2** 的运动和场所写三个句子。每句话要使用不同的主语 (比如: 我、
你、他/她、爷爷、姐姐)。**Use the sports and places from activities 1 and 2 to write three
sentences. Use three different subjects to start the sentences (For example, I, you, he/she,
grandpa, older sister...).**

For example: 我星期日经常在公园跑步。

1 _____

2 _____

3 _____

4 阅读短文并圈出频率词。然后练习朗读。**Read the text and circle the frequency words.
Practise saying this text.**

> 我叫 Aishah, 我不但每天运动, 而且有时候一天运动两次。我星期一和五经常在体育
> 场打网球, 星期二和四常常在健身房游泳, 星期三总是在学校打篮球, 星期六和家人在
> 公园跑步, 我星期日早上经常在俱乐部打羽毛球, 下午在公园散步。
>
> 但是, 运动也要小心。有一次, 我和家人带着我们的小狗去公园跑步, 我的弟弟跑得太
> 快跌倒了。他的手和腿都受伤了, 他觉得很疼。我们去了医院, 医生说他的伤不太严重, 吃药
> 就可以了。

5 再读练习 **4** 的短文, 填写表格, 然后用中文回答问题。**Read the text in activity 4 again. Fill in
the table and answer the questions in Chinese.**

	星期一	星期二	星期三	星期四	星期五	星期六	星期日
运动							
哪儿							

1 Aishah一天运动几次?

2 她哪一天打篮球?

3 谁在跑步的时候受伤了?

4 哪儿受伤了?

5 医生觉得弟弟的伤怎么样?

6 用"不但……而且……"和下面的词语造句。Make sentences with "不但……而且……" and the words below.

Example: 爸爸, 网球, 游泳, 星期六, 健身房

爸爸星期六不但在健身房打网球, 而且游泳。

1 姥爷, 太极拳, 羽毛球, 经常, 公园

_____

2 奶奶, 羽毛球, 保龄球, 周末, 俱乐部

_____

3 我, 滑雪, 爬山, 很少

_____

7 参考练习 4, 给朋友写一封电子邮件, 说说你的运动习惯。Write an email to a friend. Tell your friend about your exercise habits. Use activity 4 as an example.

说说 Say:

- 你的名字
- 你喜欢不喜欢运动
- 一个星期运动几次
- 什么时候? 和谁?
- 你觉得运动怎么样?

Extension: 也说说你的家人的运动习惯。Also write about your family members' exercise habits.

_____
_____
_____
_____
_____
_____
_____
_____

球 qiú *ball; sphere*

This character combines the king radical 王 wáng with the phonetic 求 qiú (to request) to indicate sound. 王 on the left comes first and then 求 on the right. The original meaning of 王 in this character is jade. In ancient times, only emperors could own jade. 球 originally was a beautiful jade or a round piece of jade. Later, 球 became a round object. Now when you see 球, you can link it to anything round or any type of sport that uses a ball.

1 写出学过的有"球"字的词语, 越多越好。你可以用字典。**What words/phrases with the character "球" have you learned? Write as many as you can. You can use a dictionary.**

足球 ← 球

2 写出学过的有下列部首的字或词语, 越多越好。你可以用字典。**What characters/words have you learned with the following radicals? Write as many as you can. You can use a dictionary.**

女	
水 (氵)	
口	
面	

3 写出练习 1 和 2 里的字和词语的英语意思。**Write the meaning of the characters/words/ phrases in activities 1 and 2.**

_____

_____

_____

_____

_____

4 圈出不属于该组的词语, 并说明理由。**Circle the word that doesn't belong in the group. Give reasons for your choice.**

1 头 耳朵 头疼 鼻子 _____

2 保龄球 网球 乒乓球 羽毛球 _____

3 哥哥 姐姐 爸爸 弟弟 _____

4 酱油 汤 果汁 油条 _____

Conversation

和同学一起就"运动习惯"这个话题进行对话, 回答对方的问题, 然后交换角色。**Work with a partner to have a conversation on the theme of exercise routine. Answer your partner's questions. Then, change roles.**

1 说说你和家人喜欢什么运动?

> **Vocabulary**
>
> 我的 (爸爸, 妈妈, 哥哥, ……) (不喜欢/喜欢) 运动。
>
> 我的 (爸爸, 妈妈, 哥哥, ……) 不但喜欢 (散步, 游泳, 去健身房……), 而且喜欢……。

2 你什么时候运动?

> **Vocabulary**
>
> 我 (每天早上, 星期六, 星期日下午, 很少) 运动。
>
> 我 (常常, 总是, 经常, 有时候) 和……去……运动。
>
> 我们去 (学校, 公园, 健身房) (散步, 游泳, 跑步……)。

3 你在学校参加什么运动俱乐部?

> **Vocabulary**
>
> 我们学校有很多不同的俱乐部。
>
> 我在学校参加 (足球, 羽毛球, 篮球, ……) 俱乐部。
>
> 我每个星期 (一, 二, ……) 去 (足球, 羽毛球, 篮球, ……) 俱乐部。

4 你想参加什么运动比赛?

> **Vocabulary**
>
> 我想参加 (体操, 武术, 排球, ……) 比赛。

5 你觉得运动好吗?

> **Vocabulary**
>
> 我觉得运动不但很 (好, 酷, 累, ……), 而且很 (健康, 快乐, 麻烦, ……)。

2.1 爱好 Hobbies

1 圈出不属于该组的词语, 并说明理由。**Circle the word that doesn't belong in the group. Give reasons for your choice.**

a 听音乐 / 看小说 / 现在 / 画画 c 有空 / 上个星期 / 下个星期 / 这个星期

b 钓鱼 / 放风筝 / 封 / 划船 d 笔友 / 毛笔 / 写信 / 休闲活动

2 用方框里的词语完成句子。**Complete the sentences with words from the box.**

> 有空 兴趣 画画儿 笔友 书法 封

1 我的学校有_____俱乐部, 他们会用毛笔写字。

2 你_____吗? 我们可以去看电影。

3 我的_____写了一_____信, 他说他下个月要来。

4 她对音乐感_____, 每天都听音乐。

5 我妹妹很喜欢_____, 每天都画一个小时的画。

3 在左边的表里找到右边方框里的词语, 圈出来。**Find and circle the words.**

下	上	聊	放	大	看	小	说
爱	好	天	划	船	个	风	会
有	休	闲	活	动	筝	毛	水
船	信	手	有	太	这	笔	的
写	在	看	看	空	个	他	友
喜	书	杂	电	你	星	唱	什
人	头	志	影	视	期	手	五

> 看书, 看电影, 看电视, 看杂志, 看小说
> 写书, 写信
> 毛笔, 笔友
> 休闲活动, 爱好, 有空
> 划船, 聊天,
> 这个星期

4 把词语按正确的顺序组成句子。**Put the words in the correct order to make sentences.**

1 看 / 经常 / 我 / 在家 / 看 / 书

_____

2 看 / 你 / 时候 / 电视 / 什么 / ?

_____

3 书法 / 对 / 他 / 中国 / 感兴趣

_____

4 面条 / 我爸爸 / 除了 / 以外 / 面包 / 喜欢 / 也

_____

5 除了 / 受伤 / 我的 / 头 / 也 / 手 / 以外 / 了

_____

6 我 / 两个小时 / 今天 / 划 / 船 / 了

_____

5 阅读短文并用完整的句子回答问题。**Read the text and answer the questions. Use complete sentences.**

> 小可,
>
> 　　你好, 我是你的新笔友。我叫明明, 今年 14 岁。我家有 4 口人, 爸爸、妈妈、弟弟和我。我们有一只狗, 它是一只白色的狗。我们很爱它。
>
> 　　我的爱好很多, 我有空的时候喜欢钓鱼。天气不好, 我就在家看漫画, 有时候也画画儿。我对中文感兴趣, 我想学书法。爸爸说:"写书法要有毛笔。" 我上个星期和我爸爸去逛街, 买了毛笔。除了毛笔以外, 我爸爸也买了一个足球。他喜欢和我一起踢足球。
>
> 　　你的爱好是什么? 你可以写信和我说说。
>
> 祝好,
>
> 明明

1 明明有空的时候喜欢做什么?

_____

2 天气不好的时候, 明明会做什么?

_____

3 爸爸说写书法要有什么?

_____

4 她和爸爸逛街买了什么?

_____

6 完成这些关于你自己的句子, 然后练习说一说。**Complete the sentences about you. Then practise saying these.**

1 我有空的时候, 喜欢

_____。

2 天气好的时候, 我常常

_____。

3 我的爱好是

_____。

2.2 使用科技 Using technology

1 把词语翻译成英语或你常用的语言。**Translate the words into English or your preferred language.**

a 网 _____, 网站 _____, 网友 _____,

上网 _____, 网民 _____ 网络 _____

b 电 _____, 电脑 _____, 电子游戏 _____,

电子邮件 _____, 电子设备 _____

2 把词语和正确的意思搭配起来。**Match the words to the correct meaning.**

平板电脑   news

下载   tablets (ipad)

手机   social networking site

新闻   videos

视频   mobile

社交网站   download

3 下面是三个人上网的不同爱好，用方框里的词语完成表格。**Read the texts and complete the table with the words from the box.**

> 博客　新闻　因为　电脑游戏　社交网站　网友

小白	我喜欢上 1_____，因为我有很多不同的网友，所以我可以和他们聊天。我可以看 2_____，也可以看广告。
美美	3_____我很喜欢写文章，所以我在网上写 4_____。我常常看 5_____的留言。
天文	我喜欢打 6_____，在网上我可以和我的朋友打游戏和聊天。

4 把句子的前半部分和后半部分搭配起来。**Match the first part to the second part of the sentence.**

1 因为今天很忙，　　　　　　a 所以我看新闻。

2 因为我家订报纸，　　　　　b 但是他每天给妈妈发短信。

3 虽然他一年没回家，　　　　c 所以我没有发电子邮件。

4 虽然踢足球很好玩，　　　　d 但是会受伤。

5 阅读短文并用完整的句子回答问题。**Read the text and answer the questions. Use complete sentences.**

> 科技生活
>
> 　　现在，很多人有手机、电脑和平板电脑。我们用这些电子设备上网。我们在网上看新闻，看视频，也玩电脑游戏。有的人对写文章感兴趣，他们发照片，发短信，在网站上留言。他们也用电子邮件发文件，发生日卡，电子邮件很有用。因为很多人上社交网站，和网友聊天，所以他们不常看电视新闻，也不看报纸。虽然这些电子设备让生活变得很好，但是我们现在没那么爱运动了。

1 人们用哪些电子设备上网？

_____

2 人们可以在网上做什么？

_____

3 人们喜欢在社交网站上做什么？

_____

4 为什么现在人们没有那么爱运动了？

_____

6 用下面的句型，给你的朋友写一封电子邮件，说说你喜欢在网上做什么。**Write an email to a friend. Tell your friend about what you like to do online. Use the sentence prompts to help you.**

我喜欢在网上……，因为我……。

因为在网上可以……，也可以……，所以我很喜欢……。

虽然我的爸爸妈妈不喜欢我……，但是……。

_____

_____

_____

_____

_____

_____

_____

_____

2.3 购物 Shopping

1 用不同方向的箭头连接下面的字, 组成正确的词语。**Connect the characters with arrows to make a word. For example,** 连衣裙, 钱包.

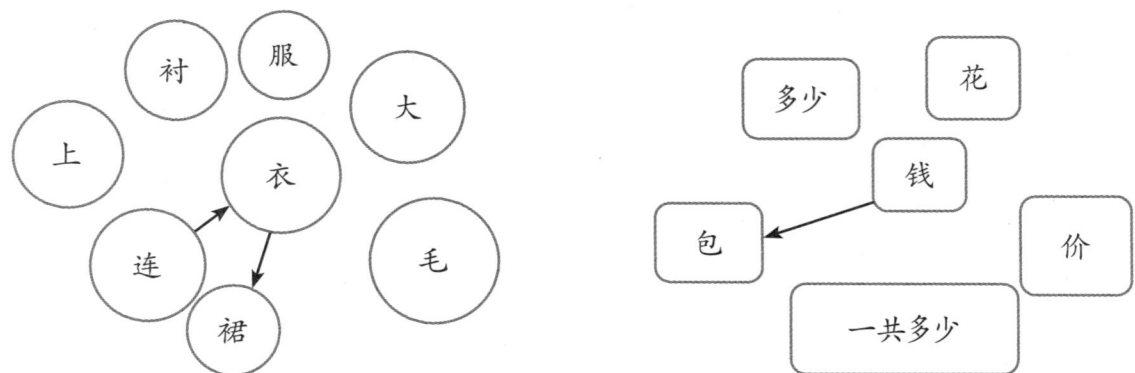

2 把词语和正确的意思搭配起来。**Match the words with the correct meaning.**

新	wear (accessories)
贵	new
旧	wear (clothes)
穿	broken
戴	expensive
坏	old

3 阅读短文, 用方框里的单词完成对话。**Read the dialogue and complete it with the words from the box.**

> 合适　条　一共　贵　打折　大小　件

你在服装店 **(You are at the clothes shop.)**

售货员: 您好! 您想买什么?

我: 我想买一 **1** _____黑色的裤子。

售货员: 什么 **2** _____? 中号还是小号?

我: 中号。我可以穿穿看 **3** _____不合适吗?

售货员: 可以。

我: 很合适。我还要买这 **4** _____上衣, 请问 **5** _____多少钱?

售货员: 六百五十元。

我: 太 **6** _____了, 你们 **7** _____吗?

4 用括号里的句型, 把句子翻译成中文。**Translate the sentences into Chinese.**

1 I'm interested in this shirt, but it's too expensive. (太……了)

_____

2 It's too big. (太……了)

_____

3 If I have money, then I will buy this coat. (如果/要是……, 就……)

_____

4 If I have free time, then I look at my mobile phone. (如果/要是……, 就……)

_____

5 阅读短文并完成表格。**Read the text and complete the table.**

> Mikail: 买好不买贵。我不喜欢买便宜的东西。虽然好东西贵, 但是不会常常坏。
>
> 林丽丽: 我觉得东西便宜最好, 我不买太贵的东西。因为我没有很多钱, 所以我每次买东西都会问: "打折吗?"
>
> Dini: 我喜欢买旧衣服, 因为又便宜又舒服。新衣服太贵了。
>
> Noy: 我不喜欢旧衣服, 我喜欢漂亮的。新衣服总是很时尚。

	Mikail	林丽丽	Dini	Noy
喜欢				
不喜欢				
为什么				

6 用下面的句型, 写一写你买东西的标准, 然后练习说说这些句子。**Write about your shopping preferences. Use the sentence prompts to help you. Then practise saying these.**

你最喜欢买什么样的东西? 便宜的还是贵的? 新的还是旧的?

因为……, 所以我买……

虽然……, 但是……

如果下次我去买……, 我就……

_____
_____
_____
_____

2.4 电影、音乐、图书和艺术 Films, music, books and art

1 把下列词语配对，组成短语。**Match the verbs with the objects to make phrases.**

表演	小提琴
下	书
读	国画
画	象棋
拉	钢琴
弹	节目

2 用括号里的句型，把句子翻译成中文。**Use the words/structures in brackets to translate the following sentences into Chinese.**

1 Classical music is more interesting than pop music. (比……更)

   _____

2 Playing the piano isn't more fun than playing the cello. (没有)

   _____

3 Because more people are coming to the park, it's getting noisy. (越来越……)

   _____

4 Playing chess is becoming more and more fun. (越来越……)

   _____

5 This author writes interesting books. (verb+得+complement of degree)

   _____

6 If he plays the violin very quickly, the music sounds bad. (verb+得+complement of degree)

   _____

3 圈出不属于该组的词语，并说明理由。**Circle the word that doesn't belong in the group. Give reasons for your choice.**

a 节目 / 弹吉他 / 弹钢琴 / 拉大提琴

   _____

b 没意思 / 有趣 / 名人 / 好玩儿

   _____

→ *Grammar: A2 Use of it……更 SB p.315, Use of 没有 in comparisons SB p.315, Verb followed by 得 and a complement of degree p.315*

c 图书馆 / 演员 / 作家 / 画家

_____

d 下棋 / 安静 / 拉小提琴 / 画画儿

_____

4 阅读四个名人的故事，判断句子的对错。**Read the texts and decide if the sentences are true (T) or false (F).**

Eko	作家	我小时候最喜欢看书。因为家里没有钱买书，所以我去图书馆看书。
Lin	画家	小时候我喜欢画画，所以我妈妈让我和一个老师学水墨画。我以后越来越喜欢国画。
Ng	演员	我觉得做一个演员要学很多东西，这些东西都让我的生活有意思。
Zhang	钢琴家	做一个钢琴家，我要每天弹四个小时的钢琴。虽然很难，但是我很喜欢。我觉得弹钢琴比别的东西更有意思。它让我快乐。

Eko 小时候常常在家里看书，因为家里有很多书。T/F _____

Lin 的妈妈让她学水墨画，是因为她喜欢画画。T/F _____

Ng 觉得做演员没有意思，也不需要学很多东西。T/F _____

Zhang 每天弹四个小时的钢琴，虽然很难，但他很喜欢。T/F _____

5 阅读短文，用短文中的词语完成句子。**Read the text and answer the questions.**

> 我有很多爱好。我喜欢看电影，也喜欢听音乐。我觉得纪录片比动画片更有趣。我妹妹不太喜欢纪录片，她说纪录片没有动画片好玩儿。我还喜欢弹钢琴，每天弹一个小时，我弹得很好。我哥哥会拉小提琴，他已经学了三年小提琴。我觉得我的钢琴弹得比他的小提琴拉得好。

1 我觉得纪录片比动画片 _____。

2 妹妹说纪录片没有动画片那么 _____。

3 我觉得我的钢琴_____比哥哥的小提琴拉得好。

6 回答问题, 然后和同学练习对话。**Answer these questions and then practise these with your partner.**

Example: 你上次看了什么电影?	我上次看了动画片, 很有意思, 音乐也很好听。
你喜欢听什么音乐? (use comparison 比 or 没)	
你周末看了什么电视节目?	
你喜欢的名人是谁? 你喜欢他/她什么? (verb+得+degree)	

2.5 健康的生活方式 A healthy lifestyle

1 把词语和正确的意思搭配起来。**Match the words with the correct meaning.**

朋友   together
自己   old
年轻人   friend
亲爱的   dear
老   self
一起   young people

2 阅读下面的采访并完成表格。**Read the text and complete the table.**

> 健康的生活方式
>
> Eko: 大家好, 我叫 Eko。我是一个年轻人。今天我想介绍一下我自己的生活。我不吸烟。我常常去健身房健身, 每个星期去三次, 每次一个小时。另外, 我每天吃五种蔬菜和水果。
>
> 小明: 因为我的生活很忙, 所以没有时间去健身房。但是我有宠物——它是一只狗。我每天要和它一起在体育场跑步二十分钟。它让我身体健康。
>
> Tam: 大家好! 我叫 Tam, 今年 60 岁。虽然我最不喜欢运动, 从不跑步, 但是我的妻子送了我一只电子手表。这只手表一般会在早上六点要我去公园打半个小时的太极拳。它让我越来越健康了。

	在哪里运动	不做什么	什么运动	每次运动多久
Eko				
小明				
Tam				

3 用括号里的词或句型, 把句子翻译成中文, 然后练习说一说。**Translate the sentences into Chinese. Use the words/structures in brackets to help you. Then practise saying these.**

a My dad's favourite exercise is rowing. (最)

_____

b In general, the most expensive clothes aren't the most beautiful clothes. (最)

_____

c If you're free, then we can watch a movie together. (如果/要是……, 就……。)

_____

d If this novel is boring, then you should read other books. (如果/要是……, 就……。)

_____

4 回答下面的问题。**Answer the questions.**

1 你的爱好是什么?

_____

2 你什么时候做这些活动?

_____

3 你喜欢和谁一起做?

_____

4 你觉得你的爱好怎么样?

_____

5 为什么我们要有自己的爱好? (use 让 / 使)

_____

5 用下面的句型, 介绍两个你觉得自己最健康的生活方式。**Write about two lifestyles that you think are the healthiest. Use the sentence prompts to help you.**

我想介绍我自己的两个最健康的生活方式: 一个是……, 一个是……

我常常/每天/总是……

因为……, 所以……

不但……, 而且……

_____

_____

_____

_____

Chapter 2 Exploring Language

1 找到方框里词语的部首, 然后把词语写在正确的分类中。**Find and circle the radicals in the words. Put the words into the correct categories.**

1) a 目 eye：看书, _____ _____ _____ _____

    b 口 mouth: _____ _____ _____ _____

    c 耳 ear: _____ _____ _____

> 看书, 看电视, 小说, 写信, 唱歌, 听音乐, 聊天, 想, 兴趣, 新闻

2) a 衣=衤 clothes: 裤子 _____ _____ _____

    b 巾 wrap up: _____ _____ _____

    c 贝 valuable: _____ _____ _____

    d 金=钅 gold metal: _____ _____ _____

> 裤子, 衣服, 贵, 价钱, 西装, 大衣, 衬衫, 帽子, 围巾, 售货员, 现金, 人民币

2 读一读下面的部首和汉字, 看一看它们的结构, 试一试填空。**Look at the radicals and characters below. Fill in the blanks.**

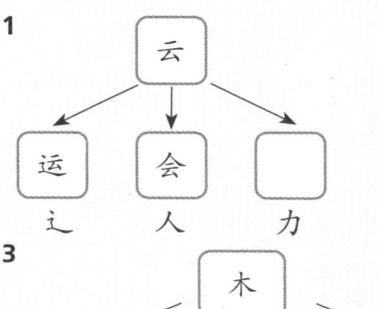

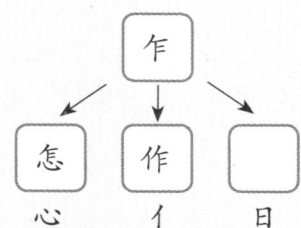

3 找出词语中共同的部分, 然后写出这些词语的意思。**Find the common component in each group and write the meaning of these words.**

1 现在　电视　视频

_____

2 说说　小说　阅读

_____

3 画画儿　漫画　水墨画　国画

_____

4 笔友　笔记　笔记本　毛笔

_____

Role play

和同学一起完成这个角色扮演, 回答对方的问题, 然后交换角色。**Work with a partner to carry out this role play. Answer your partner's questions. Then, change roles.**

你刚到一个新学校, 正在和一个新同学说话。**You just moved to a new school, and one of your classmates wants to know about you.**
你: 你自己; 同学: 新朋友

同学: 你周末的时候喜欢做什么?
你: ……

> **Vocabulary**
>
> 我喜欢 (看电影、画画儿、上网、打球、……)。
>
> 我周末的时候, 除了喜欢 (……) , 还喜欢 (……)。

同学: 你上个周末和家人做了什么?
你: ……

> **Vocabulary**
>
> 我们 (逛了街, 打了球, ……)。
>
> 我上个周末和家人 (逛了一天的街, 走了三个小时的路, 打了两个小时的球, ……)。

同学: 你喜欢在网上看什么? 买什么?
你: ……

> **Vocabulary**
>
> 我喜欢在网上看 (电影、新闻、……)。
>
> 我喜欢在网上买 (衣服、书、……)。

同学: 你觉得在网上买东西有什么好处或坏处?
你: ……

> **Vocabulary**
>
> 在网上买东西的好处是很便宜, 坏处是花的时间太多。
>
> 我觉得在网上买东西虽然比去商店买东西便宜, 但是在网上买东西比去商店买东西花的时间更多。

同学: 下次有空的时候, 你想做什么?
你: ……

> **Vocabulary**
>
> 我想去 (听音乐会, 去电影院, ……)。
>
> 下次有空的时候, 我想和你一起去 (音乐会听古典音乐, 去电影院看电影, ……)。

3.1 我家附近 My neighbourhood

1 把词语和正确的解释搭配起来。**Match the words with the correct meaning.**

1	茶馆	a	可以买蔬菜和水果的地方
2	超市	b	钱放在这儿很安全
3	市场	c	给朋友写了信，去哪儿发？
4	农场	d	喝茶、聊天的地方
5	邮局	e	可以买很多东西的大商店
6	银行	f	养很多马、羊、兔子的地方

2 把词语按正确的顺序组成句子。翻译成英语或你常用的语言。**Put the words in the correct order to make sentences. Translate into English or your preferred language.**

a 一 / 家 / 饭店 / 离 / 火车站 / 不远

_____

b 离 / 两 / 家 / 咖啡馆 / 我家 / 很近

_____

c 庙 / 离 / 一 / 座 / 图书馆 / 很远

_____

d 在 / 一 / 超市 / 家 邮局 / 的 / 对面

_____

e 后边 / 这 / 警察局 / 座 / 的 / 教堂 / 在

_____

3 圈出不属于该组的词语，并说明理由。**Circle the word that doesn't belong in the group. Give reasons for your choice.**

a 城市 / 农场 / 郊区 / 饭店 _____

b 超市 / 市场 / 商店 / 海鲜 _____

c 方便 / 安全 / 远 / 茶馆 _____

d 银行 / 咖啡馆 / 警察局 / 邮局 _____

e 近 / 远 / 座 / 附近 _____

f 省 / 首都 / 地址 / 家乡 _____

g 市区 / 商场 / 火车站 / 银行 _____

4 阅读短文并判断句子的对错。**Read the text and decide if the sentences are true (T) or false (F).**

> 小王住在北京。他的家在市区，不在郊区。家门口有一条小街，小街的对面有一个超市，超市的旁边是一个茶馆。小王常常和朋友去那儿喝茶聊天。他家附近还有一个市场。市场在超市的后边，离他家很近。小王明天会去市场买一些零食和饮料。下个星期，他的朋友要来北京。小王会带朋友去市中心吃饭。市中心的饭店很多，有一家有名的饭店就在火车站的旁边，离汽车站也不远，非常方便。

1 超市在小街的对面。T/F _____

2 茶馆在市场的旁边。T/F _____

3 市场在超市的后边。T/F _____

4 市场离小王的家很远。T/F _____

5 小王明天会去超市买零食和饮料。T/F _____

6 下个星期小王的朋友要来看他。T/F _____

7 小王会带朋友去海边。T/F _____

8 他们要去的饭店在汽车站的旁边。T/F _____

5 你想住在城市还是农村？完成下面的句子，然后练习说一说。**Do you want to live in the city or the countryside? Complete the sentences below. Then practise saying these.**

a 我和家人以后想住在 _____。

b 我觉得住在 _____ 比住在 _____ 更_____。

c 我认为住在_____好，因为又 _____又 _____。

d 虽然我不喜欢住在_____，但是妈妈觉得那里很_____。

6 用下面的句型，写一写你住的地方。**Write about the place you live. Use the sentence prompts to help you.**

你住的地方是大城市、农村还是海边？

附近有什么好玩的地方？

人们在那儿常常做什么？

明天你会/要去哪里？要做什么？

你觉得你住的地方怎么样？

_____

_____

_____

3.2 我的房子 My house

1 给左边的词语搭配正确的房间。**Match each item on the left to the correct room.**

1 床   A 客厅

2 沙发   B 厨房

3 洗衣机   C 书房

4 餐桌   D 卧室

5 书桌   E 饭厅

6 电视机

7 冰箱

2 选择正确的量词完成句子, 然后翻译成英语或你常用的语言。**Choose the correct measure word. Translate into English or your preferred language.**

间 / 层 / 张 / 把 / 只 / 家

a 我家楼下有三 _____ 房间, 客厅在前边, 饭厅在中间, 厨房在后边。

b 我家有两 _____ 猫, 它们也有一 _____ 厕所。

c 客厅里有两_____ 椅子和一_____大沙发, 我们可以一起坐。

d 饭馆里面有很多 _____ 桌子, 你想坐哪儿?

e 在我家楼上有两 _____ 厕所, 非常方便。

f 我家附近的商场又新又大, 有四 _____, 里面有五 _____ 咖啡馆和十四 _____ 商店。

3 用括号里的词语完成句子, 再抄写句子。**Complete the sentences with the words in brackets. Write the sentences.**

1 我家有 _____ 层。(一 / 两 / 三)

2 厨房在 _____。(楼上 / 楼下)

3 客厅在厨房的 _____。(左边 / 右边 / 前面 / 后面)

4 我的房间在 _____。(楼上 / 楼下)

5 我家 _____ 不但有汽车站, 而且 _____ 有大超市。(附近 / 对面 / 旁边)

6 我住的城市离首都 _____。(很近 / 不远 / 非常近)

7 我觉得商场里的东西太 _____ 了! (便宜 / 贵 / 漂亮 / 有意思)

4 用"不是……而是……"句型把句子翻译成中文。**Translate into Chinese, using "不是……而是……".**

a The kitchen in his house isn't upstairs, but downstairs.

b I don't live in the city centre, but in the suburbs.

c We're not going to the supermarket, but to the market to buy vegetables.

d She's not going to the gym, but to the park to do Taiji.

e The supermarket is not on this side of the street, but the opposite side.

5 阅读短文并回答问题。**Read the text and answer the questions.**

> 陈明搬到了一个新房子里。他的房子很特别。厨房在二楼，客厅在厨房的左边。厕所和浴室在一楼。一楼有三个房间：书房、陈明的房间和他父母的房间，还有花园。书桌和书架在书房里。他的房子不是老房子，而是现代化的高楼。门口有电梯和楼梯。

a 厨房在哪一层？ _____

b 客厅在厨房的哪边？ _____

c 厕所和浴室在哪儿？ _____

d 书房里有什么？ _____

e 谁的房间在一楼？ _____

f 陈明的房子是老房子吗？ _____

g 门口有什么？ _____

6 根据你家的情况回答问题，然后和同学练习对话。**Think about your house and answer the questions. Then practise these with your partner.**

a 你家有几层楼？几个房间？

_____

b 你家（楼下）有什么房间？

_____

c 你喜欢在哪个房间看书？为什么？

_____

d 你家有没有花园？你觉得花园怎么样？

_____

e 你家厨房里有什么？

_____

3.3 日常生活 Day-to-day life

1 圈出不属于该组的词语，并说明理由。**Circle the word that doesn't belong in the group. Give reasons for your choice.**

a 起床 / 洗脸 / 睡觉 / 牙刷 _____

b 吃早饭 / 吃午饭 / 洗澡 / 吃晚饭 _____

c 整齐 / 干净 / 乱 / 上学 _____

d 洗澡 / 上班 / 回家 / 空调 _____

e 日常用品 / 刷牙 / 洗脸 / 穿衣服 _____

2 用"在"或者"正在……呢"回答问题, 然后和同学练习对话。**Answer the questions using '在' or '正在 ……呢'. Then practise saying these with your partner.**

a 妈妈在哪儿? 她正在做什么?　　(brushing teeth in the bathroom)

_____。

b 哥哥在哪儿? 他在做什么?　　(eating breakfast in the living room)

_____。

c 弟弟正在做什么呢?　　(getting dressed)

_____。

d 奶奶不在厨房, 她在哪儿?　　(sweeping in the garden)

_____。

3 用方框里的词语完成句子, 然后翻译成英语或你常用的语言。**Complete the sentences with words from the box. Translate into English or your preferred language.**

> 上学　看电视　睡觉　吃午饭　洗澡　起床　吃晚饭

a 我一般早上七点一刻 _____。

_____

b 我吃完早饭以后 _____。

_____

c 我中午十二点三刻跟我的朋友们一起 _____。

_____

d 晚上六点半我先 _____ 然后 _____。

_____

e 晚上我 _____ 以前会在床上看书。

_____

4 把词语按正确的顺序组成句子。**Put the words in the correct order to make sentences.**

a 他 / 半 / 八点 / 吃早饭 / 早上 _____

b 我们 / 上学 / 先, 然后 / 穿 / 衣服 _____

c 奶奶 / 洗衣服 / 正在 _____

d 妈妈 / 六点 / 吃晚饭 / 常常 / 在 _____

e 她 / 在 / 睡觉 / 不常 / 九点 _____

f 他 / 一刻 / 三点 / 回家 / 下午 _____

g 我 / 图书馆 / 现在 / 正在 / 看书 _____

h 妹妹 / 半 / 十点 / 在 / 一般 / 洗澡 _____

5 阅读短文并判断句子的对错。**Read the text and decide if the sentences are true (T) or false (F).**

> 刘乐每天早上七点起床, 先洗脸, 然后吃早饭。她八点上学。她下午四点回家, 晚上六点吃晚饭。她的房间很整齐, 浴室很干净, 可是厨房有点儿脏。

1 刘乐七点起床。T/F _____

2 她先吃早饭, 再洗脸。T/F _____

3 她四点回家。T/F _____

4 她的厨房很干净。T/F _____

5 她晚上七点吃晚饭。T/F _____

6 用括号里的词语或句型, 把句子翻译成中文。**Translate the sentences into Chinese.**

a I clean up my room first, then I go to bed. (先……, 然后……)

_____

b He's washing his face now. (在/正在)

_____

c She usually eats breakfast at 7:15.

_____

d She's not eating lunch, she is doing housework. (不是……而是……)

_____

e My room is clean and tidy. (又……又……)

_____

f The toothbrush is on the desk.

_____

3.4 跟家人住在一起 Living with my family

1 圈出不属于该组的词语, 并说明理由。**Circle the word that doesn't belong in the group. Give reasons for your choice.**

a 开朗　安静　有礼貌　饺子 _____

b 中秋节　节目　圣诞节　春节 _____

c 红包　舞狮　春节　蛋糕 _____

d 粽子　月饼　蛋糕　灯笼 _____

e 帮忙　洗衣服　性格　放烟花 _____

2 用完整的句子回答问题, 每个问题写 **2-3** 句话。**Answer each question in 2–3 full Chinese sentences.**

a 你家谁最严格? 他/她的性格怎么样?

_____

_____

b 你最喜欢的节日是什么? 为什么?

_____

_____

c 说说你妈妈/爸爸/弟弟/妹妹/哥哥/姐姐的性格。

_____

_____

3 给左边的物品搭配正确的节日。**Read and match.**

1 月饼　　　　a 春节

2 红包　　　　b 圣诞节

3 龙舟　　　　c 中秋节

4 蛋糕　　　　d 端午节

5 礼物　　　　e 生日

4 阅读短文并给下面的问题选择正确的答案。**Read the passage and choose the correct answers for the following questions.**

> 　　春节的时候, 我们一家人一起庆祝。我爸爸在挂灯笼, 妈妈在包饺子。我和姐姐在看舞狮表演。我们都很开心。爷爷给了我们红包。我们还放了烟花, 吃了晚饭。今年春节比去年更热闹!

1 春节的时候, 谁在挂灯笼?

   A 妈妈   **B** 爸爸   **C** 我和姐姐   **D** 爷爷

2 谁给了大家红包?

   A 爸爸   **B** 妈妈   **C** 姐姐   **D** 爷爷

3 今年的春节比去年的春节怎么样?

   A 更安静   **B** 更热闹   **C** 一样   **D** 不太开心

4 谁在看舞狮表演?

   A 爸爸和妈妈   **B** 我和姐姐   **C** 爷爷和爸爸   **D** 全家人

5 我们没有做什么?

   A 包饺子   **B** 挂灯笼   **C** 放烟花   **D** 看龙舟比赛

6 谁在包饺子?

   A 爸爸   **B** 妈妈   **C** 姐姐   **D** 我

5 阅读短文并回答问题。**Read the text and answer the questions.**

> 今天是奶奶的生日, 全家人都在庆祝。妈妈正在做蛋糕, 爸爸没买礼物, 因为他上班很忙。弟弟很懒, 不帮忙。姐姐性格开朗, 她正在做灯笼。我们都跟奶奶说: "生日快乐!"奶奶很开心!

a 今天是谁的生日? _____

b 妈妈在做什么? _____

c 爸爸有没有买礼物? 为什么? _____

d 弟弟帮忙了吗? 为什么? _____

e 姐姐的性格怎么样? _____

f 奶奶高兴吗? 为什么? _____

6 把词语按正确的顺序组成句子, 然后练习说说这些句子。**Put the words in the correct order to make sentences. Then practise saying these sentences.**

a 我们 / 过 / 一起 / 春节 / 开心 / 很 / 觉得

_____

b 妈妈 / 买礼物 / 没 / 她 / 去 / 商店 / 给

_____

c 性格 / 妹妹的 / 更 / 姐姐 / 比 / 的 / 安静

_____

d 我 / 讨厌 / 他 / 懒 / 弟弟 / 不 / 因为 / 不但 / 而且 / 帮忙

_____

e 爷爷 / 生日 / 的 / 我们 / 庆祝 / 一起

_____

f 舞狮 / 放烟花 / 他们 / 正在 / 呢 / 和 / 看

_____

g 端午节 / 粽子 / 吃 / 我们 / 在 / 每年

_____

3.5 做个好主人 Being a good host

1 选择用"没"或"不"完成句子, 然后练习说说这些句子。**Choose the correct option (没 or 不) to complete the sentences. Then practise saying these.**

a 我弟弟很懒, 他 _____ 喜欢帮忙。

b 奶奶今年 _____ 参加春节的庆祝活动, 因为她生病了。

c 上周我们 _____ 过端午节, 因为爸爸感冒不舒服。

d 妈妈今天 _____ 做饺子, 她去超市买东西了。

e 我们 _____ 送礼物给老师, 因为我们不知道她的生日。

f 除夕晚上我 _____ 回家, 因为我在中国。

g 我们家一般 _____ 过圣诞节。

h 哥哥 _____ 帮妈妈做家务, 他在放烟花呢!

2 把句子的前半部分和后半部分搭配起来。**Match the first part to the second part of the sentence.**

a 她是

b 不好意思,

c 他是

d 你的电话号码

e 我来

f 欢迎你来我家,

g 我姓

h 我们在

1 是什么?

2 马先生。

3 请进。

4 王。

5 介绍一下我的朋友。

6 张小姐。

7 我没买礼物。

8 王老师那儿吃午饭。

→ _Grammar: A1 Negative statements using 没 or 不 and verb SB p.319_

3 用方框里的词语完成句子, 然后翻译成英语或你常用的语言。**Complete the sentences with words from the box. Translate into English or your preferred language.**

跟	没	用	从	在	到	给

a 我 _____ 以前就很喜欢画画。 _____

b 妹妹 _____ 她的房间听古典音乐。 _____

c 昨天我 _____ 哥哥一起去。 _____

d 奶奶 _____ 我一本新的笔记本。 _____

e 我上个周末太累了, 所以 _____ 帮妈妈做家务。 _____

f 我 _____ 手机发电子邮件, 又快又方便。 _____

g 哥哥今年八月中会 _____ 教堂结婚。 _____

4 阅读下面的短文, 用中文回答问题。**Read the article and answer the questions in Chinese.**

> 张明住在市区, 他家附近有大商场、超市和饭馆。饭馆的对面是银行, 旁边是邮局。他每天早上六点半起床, 穿衣服, 七点一刻吃早饭, 七点半上班。中午张明和他的太太在饭馆吃午饭。周末张明常常去逛街。他进商店的时候, 店里的人都会说"欢迎光临"。买了东西以后, 张明对他们说"谢谢", 他们说"不客气"。端午节的时候, 张明不上班, 他请朋友来他家里玩。
>
> 他的这个朋友姓刘, 他的太太姓赵, 他们的女儿也一起来了。大家见面先问好, 打招呼, 张明说"请进"。然后他们一起吃了好吃的粽子, 看了电视上的龙舟比赛。大家都很开心!

1 张明家附近有什么? 写出两个。 _____

2 银行在哪里? _____

3 张明几点上班? _____

4 张明和谁一起吃午饭? 在哪里吃? _____

5 买了东西以后, 张明说什么? 店里的人怎么回答? _____

6 端午节的时候, 张明上不上班? _____

7 张明请谁来家里? _____

8 端午节那天, 大家一起做了什么? _____

家 **jiā** *home; family*

The character 家 combines 宀 (roof), meaning 'shelter', and 豕 (pig), meaning 'domestic animal'. In ancient China, families often kept livestock under the same roof as the family, so this character originally represented *a house with animals inside* — symbolising the idea of a *home*.

1 圈出下面汉字中有"宀"部首的字，然后写出它们的英语意思。**Look at the list of Chinese characters below. Find and circle all the characters that have the roof radical. Next to each circled character, write its English meaning.**

家 听 饭 安 学

客 房 好 室 字

2 写出学过的有"家"字的词语，越多越好。**What words/phrases have you learned that include the character '家'? Write as many as you can.**

_____

_____

3 用方框里的字组词，越多越好。**Using characters from the box, write as many words as you can using each character.**

饭	场	电	节	面

Example: 饭：吃饭，饭店……

1 饭：_____

2 场：_____

3 电：_____

4 节：_____

5 面：_____

Role play

和同学一起完成这个角色扮演，回答对方的问题，然后交换角色。**Work with a partner to carry out this role play. Answer your partner's questions. Then, change roles.**

你的中国朋友第一次来你家。他问你一些问题。**Your Chinese friend comes to your house for the first time. He's asking you some questions.**
你: 你自己　同学: 中国朋友

同学: 你最喜欢你家的哪个房间？里面有什么？
你: ……

Vocabulary

我最喜欢我家的……(书房、客厅、花园、厨房、我的
房间……)。

里面有……，也有……(两个很大的书架、一个很舒服的沙发、
又大又漂亮的衣柜、很现代的家具、很新的电视机……)。

同学: 你家一般谁做家务？谁做饭？
你: ……

Vocabulary

我家一般……做饭和做家务。……不忙的时候，他/她也会帮
忙做饭。如果我有空，我就会帮忙做家务。

同学: 你以后想住什么样的房子？为什么？
你: ……

Vocabulary

以后我想住在……(农村的大房子里，城市的高楼里，离海边
很近的房子里，市中心的高楼里)，　因为我……(想有一个
花园，喜欢安静/热闹的地方，可以每天去海边游泳，可以常常
和朋友去逛街)。

同学: 你家附近有什么好玩儿的地方？
你: ……

Vocabulary

我家附近有……和…… (电影院、商场、商店、公园、咖啡馆)，
非常方便。我可以和朋友一起去……和……(看电影，
逛街，买东西，踢足球，喝咖啡，聊天)。

同学: 去年春节你是怎么过的？
你: ……

Vocabulary

去年我和家人在……过的春节 (家、奶奶家、中国)，我们
吃了很好吃的……(饺子、海鲜、食物)，我们也……(看了舞
龙舞狮，有很多红包，看了好看的表演)，我觉得在那儿过年
又……又…… (好玩儿、有趣、热闹、开心)。

4.1 出去玩 Going out

1 用方框里的词语完成短文。**Complete the text with words from the box.**

> 小吃店   好久不见   谈话   朋友   有事儿   打算   名菜

上星期五，我在 1 _____ 碰见了一个 2 _____。我们 3 _____ 了，所以 4 _____ 谈了很久。他晚上 5 _____ 去广东菜餐厅吃 6 _____，他邀请我一起去，但是我 7 _____，没办法去。

2 把问题和答案配对。**Match the questions to the answers.**

1 我们有五年没有一起聊天了，对不对？   a 麻烦你了。

2 我打算邀请你来我的生日会。   b 没关系。

3 你的房间很乱，我帮你打扫吧。   c 对，我们好久不见了。

4 我迟到了，对不起！   d 谢谢你邀请我。

5 我们一起去，好不好？   e 好，我很想去。

3 翻译下列句子。**Translate the sentences.**

a 我现在不应该吃零食，因为我们快吃晚饭了。

_____

b We should take a taxi, because we're about to be late.

_____

c 奶奶不住在我家，所以我常常给她写信。

_____

d I plan to give my friend a call tomorrow morning.

_____

4 把句子按正确的顺序排列，组成一个短文，然后练习读一读。**Put the sentences in the correct order to make a story. Practice saying these.**

a 他觉得很不好意思因为他太忙了，所以他计划明天晚上六点请朋友圈的朋友们去吃西餐。_____

b 上个月 21 号我给 Taj 打电话，邀请他一起去长城，他没办法来，因为他有事儿。_____

c 上个星期四晚上我又邀请他去晚会，他迟到了，因为没有出租车可以坐。_____

d 今天早上我碰见他，他在小吃店吃鸡蛋三明治。_____

5 根据练习 **4** 完成的短文，选择正确的答案。**Refer to the completed story in activity 4, answer the questions.**

1 Taj 上个星期四为什么迟到了？

    A 他晚上要上班　　**B** 他太忙了　　**C** 没有出租车　　**D** 他去吃西餐了

2 "今天早上"我在哪里见到 Taj？

    A 在长城　　　　**B** 在晚会　　　　**C** 在家里　　　　**D** 在小吃店

3 Taj 打算什么时候请朋友吃饭？

    A 今天早上　　　**B** 上个星期四　**C** 明天晚上六点　**D** 上个月 21 号

4 我什么时候给 Taj 打电话？

    A 今天早上　　　**B** 上个星期四　**C** 上个月二十一号　**D** 明天晚上

5 Taj 在小吃店做什么？

    A 叫出租车　　　**B** 等朋友　　　　**C** 吃早饭　　　　**D** 打电话

6 想一想：下面的句子可以回答哪些问题？用给的疑问词写出这些问题。注意每个回答中的划线部分。**Write the questions that give these answers. Use question words to replace the underlined phrases.**

疑问词 **Question words:** 哪儿，吗，什么，谁，怎么，什么时候

例子 **For example:** 回答：我昨天晚上吃了汉堡。问题：你昨天晚上吃了什么？

a 回答：是，我吃全素。　　问题：＿＿＿＿＿＿＿＿＿＿＿＿？

b 回答：他打算下星期去小吃店吃包子。　　问题：＿＿＿＿＿＿＿＿＿＿＿？

c 回答：我们一般端午节的时候看龙舟比赛。　　问题：＿＿＿＿＿＿＿＿＿＿＿？

d 回答：盘子在冰箱里面。　　问题：＿＿＿＿＿＿＿＿＿＿＿？

e 回答：他邀请了他的朋友圈一起庆祝生日。　　问题：＿＿＿＿＿＿＿＿＿＿＿？

f 回答：明天我们想坐出租车去天坛。　　问题：＿＿＿＿＿＿＿＿＿＿＿？

4.2 和朋友交往 Socialising with friends

1 用方框里的词语完成句子。**Choose the correct phrases to complete the sentences.**

a 的时候　　b 上午十点半　　c 晚上十点钟　　d 一会儿　　e 最近　　f 下午两点三刻

1 我＿＿＿＿＿＿＿＿去了北京。

2 我们＿＿＿＿＿＿＿＿参观故宫，＿＿＿＿＿＿＿＿去看戏，晚上去吃川菜。

3 我去长城＿＿＿＿＿＿＿＿，碰见了林太太和李先生。

4 你＿＿＿＿＿＿＿＿去不去游乐场？

5 我们＿＿＿＿＿＿＿＿不可以去博物馆。

→ *Grammar: A6 Interrogative sentences using question words SB p.320; A1 Dates and times SB p.317*

2 把问题和答案配对。有些问题可能有多个答案。Match the questions to the answers. Some questions may have more than one answer.

问题:

1 谁去了天安门?

2 谁去了博物馆?

3 谁去了两个地方?

4 谁不(没)去剧院?

5 谁只去了一个地方?

a 我最近去了天安门和长城。

b 我最近只去了美术馆,没去电影院。

c 我十点一刻去了天坛,然后一点钟去了博物馆。

d 我不去剧院,我只去卡拉OK厅。

e 我最近去了博物馆,我没去剧院。

3 把句子翻译成中文/英文或你常用的语言。Translate the sentences into Chinese, or English or your preferred language.

1 最近我去了电影院和动物园。 _____

2 你去不去那条胡同? _____

3 他三点一刻不去卡拉OK厅。 _____

4 I went to Tiananmen Square recently. _____

5 Do you go to Beihai Park often? _____

6 I watched a play at the theatre at 3:45. _____

7 I'll go with a friend to the art gallery a bit later. _____

4 阅读短文并判断下列句子的对错。Read the text and decide if the sentences are true (T) or false (F).

> 我叫 Amir。最近我和家人去了北京,参观了故宫、颐和园,也去了游乐场。我们上午九点半坐出租车去故宫,妈妈觉得故宫真漂亮。下午一点半我们到了颐和园。颐和园也很美,但是我们走路走了很久,我觉得很累。虽然游乐场很好玩,但是票太贵了。

1 他们最近去了两个地方。T/F _____

2 他们觉得故宫和颐和园都很漂亮。T/F _____

3 他们下午去故宫。T/F _____

4 游乐场的票不贵。T/F _____

5 走了很多路, Amir 觉得很累。T/F _____

6 他们坐火车去故宫。T/F _____

5 先填空完成句子, 然后和同学练习对话。**Answer the questions. Then practise with your partner.**

1 Q: 你最近去了北京的哪些地方?   A: 我最近去了 place 1 ＿＿＿＿＿＿和

place 2 ＿＿＿＿＿＿。

2 Q: 你哪天/几点去的?   A: 我 time ＿＿＿＿＿＿去的。我 time ＿＿＿＿＿＿先去了

place 1 ＿＿＿＿＿＿,   然后 time ＿＿＿＿＿＿去了 place 2 ＿＿＿＿＿＿。

3 Q: 你觉得 place 1/place 2 ＿＿＿＿＿＿＿＿怎么样?

A: 我觉得 place 1/place 2 ＿＿＿＿＿＿＿不但很 adjective 1 ＿＿＿＿＿＿＿＿,

而且很 adjective 2 ＿＿＿＿＿＿＿。

4 Q: 你参观动物园了吗?   A: 我参观了 (or 没参观) 动物园, 因为＿＿＿＿＿＿。

5 Q: 看戏的时候你喜欢坐在哪儿?   A: 看戏的时候我喜欢坐在 (前面/中间/后面),

因为＿＿＿＿＿＿。

6 用主题结构把词语按正确的顺序组成句子。**Put the words in the correct order to make sentences, using the topic-comment structure.**

1 剧院 / 过 / 我 / 去 ＿＿＿＿＿＿＿＿＿＿＿＿＿＿＿＿＿＿＿＿＿＿＿

2 我们 / 吃 / 经常 / 西餐 ＿＿＿＿＿＿＿＿＿＿＿＿＿＿＿＿＿＿＿＿＿

3 我 / 很多 / 圣诞礼物 / 了 / 收到 ＿＿＿＿＿＿＿＿＿＿＿＿＿＿＿＿＿＿

4 来 / 晚会 / 你 / 我的 / 不来 / 生日? ＿＿＿＿＿＿＿＿＿＿＿＿＿＿＿＿

5 看 / 你 / 晚上 / 不看戏 / 今天? ＿＿＿＿＿＿＿＿＿＿＿＿＿＿＿＿＿＿

4.3 外出吃饭 Eating out

1 完成句子并翻译成英语或你常用的语言。**Complete the sentences and translate into English or your preferred language.**

1 我和朋友 ＿＿＿＿＿ 了＿＿＿＿＿, 就先 ＿＿＿＿＿。(见面 / 喝咖啡)

＿＿＿＿＿＿＿＿＿＿＿＿＿＿＿＿＿＿＿＿＿＿＿＿＿＿＿＿＿＿＿＿＿＿＿＿＿

2 服务员 ＿＿＿＿＿ 了, 我们就 ＿＿＿＿＿。(来 / 点菜)

＿＿＿＿＿＿＿＿＿＿＿＿＿＿＿＿＿＿＿＿＿＿＿＿＿＿＿＿＿＿＿＿＿＿＿＿＿

3 我 ＿＿＿＿＿ 了 ＿＿＿＿＿, 就开始 ＿＿＿＿＿。(要筷子 / 吃面条)

＿＿＿＿＿＿＿＿＿＿＿＿＿＿＿＿＿＿＿＿＿＿＿＿＿＿＿＿＿＿＿＿＿＿＿＿＿

4 我们 ＿＿＿＿＿ 了 ＿＿＿＿＿, 就去 ＿＿＿＿＿。(买汉堡 / 长城走走)

＿＿＿＿＿＿＿＿＿＿＿＿＿＿＿＿＿＿＿＿＿＿＿＿＿＿＿＿＿＿＿＿＿＿＿＿＿

→ *Grammar: A6 Topic-comment construction SB p.322; A1 Perfective aspect marker* 了 *indicating future SB p.309*

2 把句子的前半部分和后半部分搭配起来。**Match the first part to the second part of the sentence.**

1 你要春卷		**a** 我觉得很咸
2 他吃了		**b** 苦不苦
3 这盘烤鸭,		**c** 请给我们账单
4 麻烦你, 服务员		**d** 青菜和海鲜
5 请问豆腐沙拉		**e** 还是薯条

3 阅读短文并选择正确的答案。**Read the text and choose the correct answer.**

> 今天我们在餐厅吃饭。爷爷点了虾春卷, 爸爸点了牛肉和一盘青菜, 妈妈点了沙拉和豆腐, 我吃了烤鸭饭。我们喝了果汁, 没喝汽水, 爸爸喝了两杯茶。吃完饭以后, 爷爷买单了。

1 谁不吃肉?
  a 爸爸   **b** 妈妈   **c** 我

2 谁吃了海鲜?
  a 爷爷   **b** 妈妈   **c** 我

3 谁付的钱?
  a 妈妈   **b** 爸爸   **c** 爷爷

4 我喝了什么?
  a 果汁   **b** 茶   **c** 汽水

4 翻译成中文。**Translate to Chinese.**

1 The chocolate I bought.

_____ 的巧克力

2 The chocolate I bought yesterday.

_____ 的巧克力

3 The chocolate I bought yesterday in the market.

_____ 的巧克力

4 The chocolate I bought yesterday in the market is expensive.

_____

5 Dad really liked the chocolate I bought yesterday in the market.

_____

5 选择正确的量词完成句子。**Complete the sentences with the correct measure word from the box.**

> 杯 盘 碗 双 瓶 个 家 座

1 我点了一_____青菜和一_____热狗。

2 请给我们三_____筷子和三_____杯子。

3 妈妈要了一_____豆腐沙拉和一_____果汁。

4 爸爸点了一_____烤鸭和一_____羊肉汤。

5 我们见面后点了两_____饮料和八_____春卷。

6 我家附近有两_____西餐厅和一_____庙。

6 把句子翻译成中文/英文或你常用的语言。**Translate the sentences into Chinese, or English or your preferred language.**

1 你想喝果汁还是汽水？ _____

2 我在北京买的冰淇淋不贵。 _____

3 你吃不吃苦的青菜？ _____

4 I ordered a hotdog and salad in the snack bar. _____

5 I really like the steamed bun Mum made yesterday. _____

6 The tofu salad in this restaurant is very famous. _____

7 Will he pay? (use 不) _____

8 Do you like to eat salty or spicy lamb? _____

7 用完整的句子回答问题，然后和同学练习对话。**Write the answers to these questions. Then practise saying these with a partner.**

1 你昨天点了什么菜？

_____

2 你喝了几杯汽水？

_____

3 你想点春卷还是包子？

_____

4 你喝可乐还是果汁？

_____

5 你喜欢咸的还是甜的食物？

_____

6 你最喜欢的菜是烤鸭吗？为什么？

_____

→ *Grammar: A5 Measure words used after numbers SB p.311*

4.4 请客来家 Entertaining at home

1 圈出不属于该组的词语, 并说明理由。**Circle the word that doesn't belong in the group. Give reasons for your choice.**

1 苹果 / 梨 / 西瓜 / 冰箱 _____

2 袋 / 元 / 盒 / 包 _____

3 花园 / 菠菜 / 西兰花 / 胡萝卜 _____

4 块 / 角 / 梨 / 毛 _____

5 一些 / 公斤 / 斤 / 盒 _____

6 橙子 / 土豆 / 葡萄 / 香蕉 _____

2 把句子的前半部分和后半部分搭配起来。翻译成英语或你常用的语言。**Match the first part to the second part of the sentence. Translate into English or your preferred language.**

1 他有一个包,   a 要准备很多东西。

2 我们买了西红柿,   b 还买了两盒葡萄。

3 野餐的坏处是   c 里面有糖果和饼干。

4 我要一点儿   d 菠菜, 不要胡萝卜。

3 阅读关于野餐的短文并回答问题。有些问题可能有多个答案。**Read the text about a picnic and answer the questions. Some questions may have more than one answer.**

> Jasmin 说:
> 我买了一些西兰花和一点儿西红柿。它们都可以用盒子带, 而且不甜。我喜欢 西兰花和西红柿, 它们又方便又健康。
>
> Saki 说:
> 我准备了一公斤苹果和一点儿葡萄。我喜欢苹果和葡萄, 因为它们又酸又甜, 让我觉得快乐。
>
> Admir 说:
> 我买了两斤胡萝卜和一些菠菜。胡萝卜和菠菜熟了以后更好吃。我不喜欢吃甜的食物。
>
> Varaj 说:
> 我买了一斤橙子和两斤香蕉。橙子有点儿酸, 香蕉很容易让我觉得饱, 所以我不会吃太多。

1 谁买了菜?	**Jasmin**	Saki	Admir	Varaj
2 谁喜欢酸的食物?	**Jasmin**	Saki	Admir	Varaj
3 谁用盒子带食物?	**Jasmin**	Saki	Admir	Varaj
4 谁说他/她带的食物吃了容易觉得饱?	**Jasmin**	Saki	Admir	Varaj
5 谁觉得吃水果让他/她快乐?	**Jasmin**	Saki	Admir	Varaj
6 谁不喜欢甜的食物?	**Jasmin**	Saki	Admir	Varaj

4 每个句子都有一个错误, 请改正。**Correct the mistake in each sentence.**

1 我想吃苹果一点儿。 _____

2 妈妈买三斤西瓜了。 _____

3 他准备用西红市做菜。 _____

4 西兰花苦有一点儿。 _____

5 她买了一盒饼午和两包糖果。 _____

6 爷爷想买一公斤白菜和土豆一袋。 _____

7 我打算买一此零食。 _____

5 选择正确的词语完成句子。**Choose the correct word to complete each sentence.**

1 我买了三_____土豆。(公斤 / 坏处)

2 西红柿在一个_____里。(包 / 元)

3 妈妈买了两_____白菜。(斤 / 毛)

4 他给我三盒_____。(饼干 / 好处)

5 我们带了一些_____去野餐。(糖果 / 块)

6 她用了三_____准备午饭。(个小时 / 西兰花)

7 我买了苹果和橙子, 一共十八_____。(元 / 袋)

6 把句子按正确的顺序排列, 组成一段短文。**Put the sentences in the correct order to form a paragraph. Start with d.**

a 她还买了一些糖果和两盒饼干。 _____

b 她打算拿这些东西和朋友一起去野餐。 _____

c 她买了一斤香蕉和一袋苹果。 _____

d 星期天, 小美去超市买东西。 __1__

e 她和朋友计划的野餐时间是下个周末。 _____

f 她觉得水果对身体有好处。 _____

g 她一共花了十块五毛钱。 _____

h 虽然吃甜的不健康, 但是让人觉得快乐。 _____

i 她觉得不贵。 _____

7 以练习 **6** 为例, 写一段你的野餐购物计划。**Write a paragraph about your shopping plan for picnic preparation. Use activity 6 as an example.**

星期六, 我要去超市买东西……

_____

_____

_____

_____

➔ *Grammar: A4 Measure words: use of* 一点儿 *SB p.311-312, Perfective aspect marker* 了 *SB p.309*

4.5 计划好时间 Managing my time

1 把问题和答案配对。**Match the questions to the answers.**

1 你怎么上学？
    a 对不起，因为路上堵车了。

2 今天你为什么迟到了？
    b 我每天坐公共汽车上学。

3 你觉得坐火车怎么样？
    c 她一般开车上班。

4 你妈妈怎么去上班？
    d 我觉得很方便，也不紧张。

2 用方框里的词语完成句子。**Complete the sentences with words from the box.**

公共汽车	快	一样	堵车	紧张	睡眠
上学	很远	焦虑	上班	重要	

1 放学以后，我常常坐＿＿＿＿＿＿回家。

2 路上＿＿＿＿＿＿，所以我迟到了。

3 我觉得坐火车比开车＿＿＿＿＿＿。

4 小李很＿＿＿＿＿＿，因为他明天有钢琴比赛。

5 我每天晚上睡觉很早，因为＿＿＿＿＿＿对身体好。

6 他觉得坐车跟走路＿＿＿＿＿＿累。

7 只要天气好，我就可以骑自行车去＿＿＿＿＿＿。

8 你为什么不坐火车？是因为火车站＿＿＿＿＿＿吗？

9 上班时间常常堵车，所以我觉得开车让我很＿＿＿＿＿＿。

10 妈妈每天六点半坐公共汽车去＿＿＿＿＿＿。

11 小王觉得睡眠跟饮食健康一样＿＿＿＿＿＿。

3 用"……跟……一样"或者"只要……就……", 把词语组成句子, 然后翻译成英语或你常用的语言。Complete the sentences using "…the same as…" or "as long as … then…". Translate into English or your preferred language.

a 我的弟弟 / 好奇 / 你

_____

b 坐公共汽车 / 快 / 开车

_____

c 上学 / 累 / 上班

_____

d 我 / 坐火车 / 不紧张

_____

e 妹妹 / 听音乐 / 不难过 / 她

_____

f 我 / 青菜 / 会 / 很健康 / 多吃

_____

4 阅读短文并选择正确的答案。Read the text and choose the correct answer.

> 我是一个年轻的学生, 在新明学校上学。我每天坐公共汽车上学, 可是有时候堵车, 我就会很紧张, 害怕迟到。有一天公共汽车晚了, 来的时间跟时刻表上的不一样。我到学校的时候, 老师已经开始上课了。因为我迟到了, 所以我很难过。
>
> 我学习很努力, 可是睡眠不够, 这样对心理健康不好。老师对我的印象很好, 说我很活泼, 也说我对什么事都很好奇。

1 我怎么上学?

A 坐火车　　　　B 坐公共汽车　　C 骑自行车　　D 走路

2 堵车让我觉得……?

A 开心　　　　　B 紧张　　　　　C 生气　　　　D 难过

3 为什么我的心理健康不好?

A 上学走路太远　B 睡眠不够　　　C 老师爱生气　D 公共汽车来晚了

4 老师觉得我怎么样?

A 漂亮　　　　　B 可爱　　　　　C 懒惰　　　　D 对事物感兴趣

食 **shí** *eat; food; meal*

The character 食 (shí) is deeply rooted in Chinese culture and language. The original oracle bone script (甲骨文) character for 食 depicted a covered vessel (like an inverted bell) filled with food, with grains spilling out at the top. It creates the idea of 'gathered food in a vessel' which is the essence of a meal.

When used as a radical on the left side of other characters, 食 is simplified to 饣. This is one of the strongest meaning indicators in Chinese. If you see 饣, you can be almost certain the character's meaning is related to food, eating, or drinking.

1 写出学过的有"食"的词语, 越多越好, 然后写出这些词语的意思。**What words/phrases have you learned that include the character 食? Write as many as you can and write the meaning of the words/phrases too.**

_____

_____

_____

2 写出学过的有"饣"部首的词语, 越多越好, 然后写出这些词语的意思。**What characters/ words have you learned that have this radical? Write as many as you can and write the meaning of the words/phrases too.**

_____

_____

_____

3 用方框里的字组词, 越多越好。**Using characters from the box, write as many words as you can using each character.**

1 包	2 车	3 肉	4 园	5 菜

1 _____

2 _____

3 _____

4 _____

5 _____

Chapter 4 Extended Speaking Activity

Conversation

和同学一起就"休闲时间"这个话题进行对话, 回答对方的问题, 然后交换角色。**Work with a partner to have a conversation on the theme of leisure time. Answer your partner's questions. Then, change roles.**

1 你喜欢在家里吃饭还是出去吃饭?

Vocabulary

我喜欢 ……(在家里吃饭/出去吃饭), 因为我觉得 ……(在家可以吃自己喜欢的菜/出去有很多好吃的/更健康/更方便)。

2 你想去什么样的饭馆? 怎么去?

Vocabulary

我想去……(西餐厅/小吃店/广东菜餐厅/素食餐厅), 因为我非常喜欢吃……(汉堡/热狗/酸甜鸡肉面/很辣的菜/不吃肉)。我想……(坐出租车/走路/坐公共汽车)去。

3 你最近有没有参观美术馆?

Vocabulary

我最近 ……(去了/没有去) 美术馆, 因为我 ……(对艺术感兴趣/可以学很多东西/我喜欢看画/我没有时间)。

4 如果你可以去中国北京, 你最想去哪儿?

Vocabulary

如果我可以去中国北京, 我最想去……, 我也想去……(北海公园/长城/天安门广场/颐和园/天坛/故宫), 因为那里的建筑非常有意思。

5 你觉得吃零食有什么好处和坏处?

Vocabulary

我觉得吃零食 ……(有好处, 也有坏处), 虽然……(可以让人开心/使你快乐/很好吃), 但是吃太多…… (可能不健康/让人更胖/对牙齿不好)。

5 我的学业 My Studies

5.1 学汉语 Studying Chinese

1 选择合适的词语完成句子。**Circle the best option to complete the sentences.**

1　我常常看中文电影, 提高 (听力 ／ 写作) 水平。

2　在北京逛街的时候, 我们听不懂售货员的 (口音 ／ 拼音)。

3　中文 (汉字 ／ 口语) 很有意思, 可是笔画和笔顺不容易。

4　姐姐喜欢阅读中文 (文学 ／ 音乐) 书, 学习 (生词 ／ 发音)。

5　中文是我最喜欢的 (地方 ／ 外文), 所以我每天 (练习 ／ 听写)。

6　我 (比 ／ 没有) 哥哥高, 但是我可以跳(得 ／ 的)很高。

2 阅读短文, 用中文回答问题。**Read the texts and answer the questions in Chinese. Write full sentences.**

> Thaksin: 我学中文五年了。我很喜欢学习外文。我的中文成绩不太好, 因为汉字不容易写, 所以写作很难。可是我普通话说得很好, 因为我常常和老师练习口语, 也经常看中文动画片学习发音。老师说我必须每天练习写汉字。

> Sakchai: 日文是我最喜欢的外文。我的日文成绩很好, 因为我不但天天练习写生词, 而且常常和我的朋友说日文。在家的时候, 我和妹妹经常一起看日文电视节目和听日文歌。我认为只要每天练习外文, 就可以有好成绩。

1　Sakchai 学什么语言?

_____

2　Thaksin 学了多长时间中文?

_____

3　Sakchai 认为怎么样学日文可以有好成绩?

_____

4　Thaksin 的老师跟他说什么?

_____

5　Thaksin 怎么练习普通话? (答案有两点。)

_____

6　Sakchai 怎么练习日语? (答案有四点。)

_____

3 把词语按正确的顺序组成句子。**Put the words in the correct order to make sentences.**

1 做饭 / 好吃 / 爸爸 / 很 / 做 / 得

_____

2 我 / 还可以 / 成绩 / 认为 / 中文 / 我的

_____

3 Shumaylah / 挺 / 觉得 / 听力 / 口语 / 难的 / 和

_____

4 听写 / 节 / 课 / 练习 / 每 / 我们班

_____

5 本 / 这 / 我 / 书 / 很多 / 遍 / 读了

_____

4 用下列词语造句。**Use the words to write sentences.**

1 认为 _____

2 ……得…… _____

3 ……比…… _____

5 读下列句子，回答问题。**Read the sentences and answer the questions.**

1 我比哥哥高。- 谁高一点儿？ _____

2 坐火车比坐公共汽车贵。- 哪个贵一点儿？ _____

3 德文没有法文容易。- 哪个难一点儿？ _____

4 薯条没有春卷好吃。- 哪个好吃一点儿？ _____

5 天安门广场没有故宫大。- 哪个大一点儿？ _____

6 在每个句子的比较词下划线，并圈出形容词，然后翻译成英语或你常用的语言。**Underline the comparison word in each sentence. Circle the adjective in each sentence. Then translate into English or your preferred language.**

1 妹妹比我可爱。 _____

2 中文比法文难。 _____

3 跑步比看电视健康。 _____

4 我唱歌没有姐姐好听。 _____

➜ *Grammar: A4 Verb followed by* 得 *and a complement of degree SB p.315; A5 & A6*
Comparisons using 比 *and* 没有 *SB p.315*

7 用完整的句子回答问题，然后和同学练习对话。**Answer the questions. Write full sentences. Then practise saying these with your partner.**

1 你喜欢什么科目？为什么？ _____

2 你喜欢中文课吗？为什么？ _____

3 你怎么练习中文口语？ _____

4 你的科学成绩怎么样？ _____

5.2 我的学校 My school

1 把问题和答案配对，然后练习说这些句子。**Match the questions to the answers. Practice saying these.**

1	请问去哪里买文具？	a	我们去了实验室做实验。
2	请问在哪里上体育课？	b	我住校，每天住在学校宿舍。
3	你周末不回家吗？	c	在办公室对面。
4	中文课用什么文具？	d	你可以去小卖部买文具。
5	你们今天科学课学了什么？	e	今天在体育馆上课。
6	请问礼堂在哪儿？	f	我们必须准备课本、练习本和笔。

2 阅读短文并用方框里的词语填空。**Read the text and complete with words from the box.**

健身房	小卖部	中学	游泳池	小学	宿舍	住校	校服

我的学校有 1 _____ 和 2 _____。我们每天必须穿 3 _____ 上学。我最喜欢去的地方是 4 _____，因为我经常和朋友在那里一起吃零食和聊天。我们学校有非常好的 5 _____，里面有 6 _____，每个星期一放学后我都去那里游泳。星期一到星期五我住 在学校的 7 _____，因为我的爸爸妈妈很忙，不在家。我喜欢 8 _____，因为晚上的时候可以和朋友们一起看电视。

3 再读练习 2 的短文，判断句子的对错，错的改正。**Read the text above again and decide if the sentences are true (T) or false (F). Correct the false sentences.**

1 我的学校有幼儿园。T/F _____

2 我每天穿牛仔裤上学。T/F _____

3 我经常和朋友一起吃零食。T/F _____

4 我不会游泳。T/F _____

5 星期六我不在学校。T/F _____

6 星期六晚上我和朋友们一起看电视。T/F _____

4 以练习 **2** 为例，给明年的新同学写一封信，介绍你的学校。**Write a letter about your school to prospective students. Use activity 2 as an example.**

说说 **Say:**

- 你的学校有校服吗？
- 你最喜欢学校什么地方？为什么？
- 你和同学们喜欢一起做什么？

5 把下面介绍你学校的句子写完整。**Complete the sentences about your school. Write full sentences.**

1 我经常去运动场…… _____

2 肚子饿的时候…… _____

3 实验室在…… _____

4 我的书包里有…… _____

5 我的学校是一所…… _____

6 写五个关于你的学校的问题，然后和同学练习对话。**Write five questions about your school. Practise these with your partner.**

_____

_____

_____

_____

_____

5.3 学校生活 School life

1 阅读短文，用中文回答问题。**Read the texts and answer the questions in Chinese.**

小静：我每天有七节课，每节课下课有十分钟休息时间。

Sakesh：我每个假期会复习中文，因为假期后有很多考试。

明明：我作业和考试不多，所以我们学习得很快乐，没有压力。

Sasha：中午的时候，我喜欢和朋友们一起在运动场吃午饭和聊天。

1　Sakesh 在假期做什么? 为什么? ＿＿＿＿＿＿＿＿＿＿＿＿＿＿＿＿

2　Sasha中午的时候做什么?

　　a ＿＿＿＿＿＿＿＿＿　　　　　　b ＿＿＿＿＿＿＿＿

3　小静每次下课休息多久? ＿＿＿＿＿＿＿＿＿＿＿＿＿＿＿＿＿

4　谁的学习压力不大? ＿＿＿＿＿＿＿＿＿＿＿＿＿＿＿＿＿＿＿

2 选择合适的词语完成句子。**Choose the best option to complete the sentences.**

1　这 (学期　/　天) 的课程很难, 我每天都很累。

2　午饭的时候, 我经常在校园 (复习　/　散步), 休息一下。

3　今天第二节课是 (看电影　/　考试), 真没意思!

4　科学老师教书的 (方式　/　说话) 很有趣, 我喜欢科学课。

5　我的中文写作 (很差　/　不差), 所以需要经常练习。

6　为了 (提高　/　复习) 法文听力水平, 我经常听法文歌。

3 阅读短文并用方框里的词语填空。**Read the text and complete it with words from the box.**

> 压力　　休息　　说话　　不准　　成功　　考试　　作业　　假期

> 亲爱的同学们:
>
> 　　　　大家好! 快 1 ＿＿＿＿＿＿＿ 了, 你们每天有很多 2 ＿＿＿＿＿＿＿, 很多学生觉得
>
> 3 ＿＿＿＿＿＿＿ 很大。 4 ＿＿＿＿＿＿＿的时候, 爸爸妈妈有时候 5 ＿＿＿＿＿＿＿你们
>
> 跟朋友出去玩。我认为在家的时候, 如果学习累了, 就多跟家人 6 ＿＿＿＿＿＿＿聊天,
>
> 7 ＿＿＿＿＿＿＿ 一下, 吃健康的食物!
>
> 祝你们 8 ＿＿＿＿＿＿＿!
>
> 　　　　　　　　　　　　　　　　　　　　　　　　　　　　　　　校长
>
> 　　　　　　　　　　　　　　　　　　　　　　　　　　　　　　　七月一日

4 用方框里的词语完成句子, 有的词语可能需要多次使用。**Complete the sentences with words from the box.**

> ……的时候　　　如果……就　　　除了……以外　　　了……了

1　爸爸说 ＿＿＿＿＿＿＿ 我的成绩进步了, 这个暑假我 ＿＿＿＿＿＿＿ 可以去中国。

2　走路上学 ＿＿＿＿＿＿＿, 我看到中文老师正在买馒头。

3　我学吉他学 ＿＿＿＿＿＿＿ 三年 ＿＿＿＿＿＿＿。

4　妈妈开心 ＿＿＿＿＿＿＿ 就会带我们去逛街。

5　我很喜欢运动, ＿＿＿＿＿＿＿ 打网球 ＿＿＿＿＿＿＿, 我也喜欢游泳。

6　老师说 ＿＿＿＿＿＿＿ 写作业 ＿＿＿＿＿＿＿, 我们也必须复习今天学的课程。

5 把词语按正确的顺序组成句子。**Put the words in the correct order to make sentences.**

1 去 / 的时候, / 打算 / 我 / 中国 / 寒假

_____

2 口语 / 我 / 我的 / 中文 / 提高 / 水平 / 必须

_____

3 我 / 看书 / 也 / 运动 / 除了 / 以外, / 喜欢

_____

4 以后, / 然后 / 先 / 学游泳, / 买晚餐 / 放学 / 我

_____

5 校长 / 数学 / 教书 / 老师。/ 我们的 / 他 / 也是 / 很有趣

_____

6 复习 / 我 / 努力 / 得 / 。我 / 去故宫 / 成功 / 大学, 就 / 如果 / 可以 / 进

_____

6 用完整的句子回答问题。**Answer the questions. Write full sentences.**

1 这个假期你打算做什么?

_____

2 你什么科目的成绩最好?

_____

3 你什么科目的水平必须提高? (虽然……, 但是……)

_____

4 提高……水平以后, 你计划做什么? (如果……就……)

_____
_____

7 写一段博客, 介绍你这学期的课程。**Write a paragraph about one or more of your courses this semester.**

5.4 素质教育 Well-rounded education

1 把词语和正确的意思搭配起来。**Match the words with the correct meaning.**

1	课外活动	a	不好
2	交换学生	b	不容易
3	家长会	c	从不同地方或学校来的学生
4	差	d	上课以外的活动, 可以帮助学生放松
5	困难	e	学校邀请爸爸妈妈到学校见面谈话
6	夏令营	f	在七、八月的活动, 学生住在一起, 做有趣的活动、交新朋友

2 阅读短文并用方框里的词语填空。**Read the text and complete with words from the box.**

| 俱乐部 | 设备 | 参加 | 方式 | 夏令营 | 参观 | 课外活动 | 交换学生 |

　　我们的学校有各种各样的 **1** _____ 和 **2** _____。星期一到星期五的午饭时间和放学后有很多 **3** _____，例如：运动和音乐俱乐部、漫画、动画俱乐部、书法和电脑俱乐部。我 **4** _____ 了象棋和卡拉OK俱乐部。除了俱乐部以外，学校每年六月有外文 **5** _____ 和 **6** _____ 活动。你可以在夏令营玩很多游戏，学习有趣的中文。交换学生活动是去中国的学校，看看不同的教学和学习 **7** _____，也可以 **8** _____ 北京。

3 再读练习 **2** 的短文，用中文回答问题。**Read the text above again and answer the questions in Chinese. Write full sentences.**

1 这个学校每天什么时候有俱乐部活动？
_____

2 写出学校的三个俱乐部。
_____

3 说话的人参加了什么俱乐部？
_____

4 除了俱乐部、学校还有什么课外活动？
_____

5 在夏令营可以做什么活动？
_____

6 交换学生活动是什么？
_____

4 完成下列句子。**Complete the sentences.**

1 我的学校除了有……以外，也有…… _____

2 课外活动不但有趣，而且…… _____

3 我想参加国外的夏令营，因为…… _____

4 我们学校来了中国的交换学生，…… _____

5 如果我是一个留学生，…… _____

5 把问题和答案配对。**Match the questions to the answers. Practice saying these.**

1	你们怎么去饭店？	**a**	我喜欢有运动类的活动的夏令营。
2	你喜欢听什么音乐？	**b**	在北京。
3	哪个老师是你的中文老师？	**c**	我们走路去。
4	你喜欢什么样的夏令营？	**d**	穿黄色连衣裙那个。
5	今年的夏令营在哪儿？	**e**	我很喜欢古典音乐。

6 用完整的句子回答问题，然后和同学练习对话。**Answer the questions. Write complete sentences.**

1 你参加了什么课外活动？

_____

2 你觉得课外活动重要吗？为什么？

_____

3 你们学校的设备好吗？

_____

4 你认为家长会重要吗？为什么？

_____

5 现在的学生太忙太累了，你认为呢？

_____

7 写一封信给你的笔友说一说你在学校参加的俱乐部。**Write a letter to your pen pal about a club you joined at school. Use the questions below to help you.** 用中文写 150 个字左右。**Write about 150 characters in Chinese.**

- 你参加了什么俱乐部？
- 什么时候活动？
- 为什么参加？
- 是你的爱好吗？
- 它有什么好处。

_____

_____

_____

_____

_____

5.5 学习和工作 Studying and working

1 写出下列词语的英语意思。**Write the meaning of the words.**

1 挣钱 _____ 2 存钱 _____ 3 零花钱 _____ 4 职业 _____

5 员工 _____ 6 打工 _____ 7 工作 _____ 8 工资 _____

2 阅读短文。选择唯一正确的答案, 在方格里打勾 (✔)。**Read the text and tick (✔) the correct answer in the box.**

A Piyathida: 我认为一个星期打工几个小时, 不但不会影响学习, 而且可以学到新的东西。我计划今年暑假开始, 每个星期六去咖啡店打工。

C 方红: 我觉得我们现在需要好好学习, 准备大学考试。打工又累又花时间。上了大学以后, 还有很多时间可以打工。

B Ziad: 打工可以得到工作经历, 也可以学习怎么和别人谈话。不过在考试很多的时候, 学生就没有时间准备考试了。

D 张蓝: 我认为学生打工越来越流行。打工不但可以挣零花钱, 而且可以得到工作经历, 对上大学很有用。

1 谁认为现在应该先认真学习?
A ☐ B ☐ C ☐ D ☐

2 谁想从今年开始打工?
A ☐ B ☐ C ☐ D ☐

3 谁认为打工有好处也有坏处?
A ☐ B ☐ C ☐ D ☐

4 谁觉得打工可以学到怎么跟别人说话?
A ☐ B ☐ C ☐ D ☐

5 谁认为打工经验对申请大学很有用?
A ☐ B ☐ C ☐ D ☐

3 阅读短文并用方框里的词语填空, 有的词可能用多次。**Read the text and complete with words from the box.**

| 但是 | 是 | 不是 | 的时候 | 虽然 | 不 |

大山 **1** _____一位美术老师, 他喜欢画画。他 **2** _____矮也

3 _____胖。他 **4** _____一个安静的人, 因为他爱聊天。他的爸爸妈妈也

5 _____老师。老师的工作很多, 但是他们 **6** _____觉得累。大山

7 _____严格的老师, 学生都喜欢他。他 **8** _____个非常友好的人。

大山和爸爸、妈妈计划假期 **9**_____去山区教英文。**10** _____ 没有工资, **11** _____

很开心。

4 把词语按正确的顺序组成句子。**Put the words in the correct order to make sentences.**

1 职业 / 我 / 可以 / 想做的 / 在家 / 工作 / 是

_____

2 打工 / 高中 / 我 / 以后, / 计划 / 上 / 去

_____

3 不要 / 努力 / 打工 / 应该 / 高中生 / 学习, / 去

_____

5 你想申请一份工作。用中文填写下面的表格。**You want to apply for a job. Fill in the following form in Chinese.**

名字	
爱好	
语言	
性格	
最喜欢的科目	
想做的职业	

→ *Grammar: A3 Negative statements using* 不是 *SB p. 319,*

学 xué *to study; knowledge*

This character represents learning as hands ("') on the head (冖) of a child (子 zǐ). 冖 also looks like a roof. Thus, the character shows the idea of a child learning or studying under a roof, for example: a school. Be careful not to confuse this character with 字 zì (character).

When you see 学, you can link it to either the verb meaning 'study' or the noun meaning 'knowledge' or 'learning'. Whether it is a verb or a noun, its meaning will be connected to education or learning. For example, 心理学。心理 appeared in chapter 4.5. As 学 is study/knowledge, then knowledge about mentality is psychology.

1 写出学过的有"学"字的词语, 越多越好。**What characters/words have you learned that include the character** 学**? Write as many as you can.**

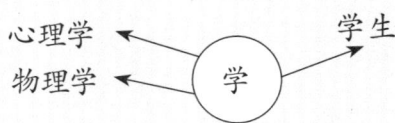

2 圈出不属于该组的词语。**Circle the word that doesn't belong in each group.**

1 暑假　　寒假　　假期　　学期

2 心理学　　科学　　汉字　　物理学

3 浴室　　教室　　实验室　　办公室

4 听力　　游戏　　写作　　口语

5 挣钱　　存钱　　打工　　花钱

3 用下面的字组词, 越多越好。**Using the characters below, write as many words as you can using each one.**

例如 For example: 语: 语法、词语、……

语	
工	
场	
馆	
教	

Chapter 5 Extended Speaking Practice

Conversation

和同学一起就"学校生活"这个话题进行对话, 回答对方的问题, 然后交换角色。**Work with a partner to have a conversation on the theme of school life. Answer your partner's questions. Then, change roles.**

1 说一说你的学校。

> **Vocabulary**
>
> 我的学校在 (农村, 城市, 郊区, ……)。
>
> 我们学校的校服是……。
>
> 我们的第一节课是 (八点半, 九点……), ……放学。

2 你最喜欢的老师是谁? 为什么?

> **Vocabulary**
>
> 我最喜欢的老师是 (中文, 数学, 体育, ……) 老师,因为他/她很(有意思, 聪明, 友好, 酷, ……)。

3 你们学校有什么课外活动?

> **Vocabulary**
>
> 我们学校有各种各样的课外活动, 例如: (不同的俱乐部, 交换学生活动, 夏令营, ……)。
>
> 我参加了 (书法, 跳舞, 吉他, ……) 俱乐部, 因为……。
>
> (今年, 明年, 下个月, ……) 我要去(交换学生活动, 夏令营, ……)。

4 你们学校最长的假期是什么时候?

> **Vocabulary**
>
> 我们学校一年有很多假期, 例如: 新年和圣诞节。
>
> 我们最长的假期是(春节, 圣诞节, ……), 在每年的(一月或二月), 我们通常有……天假期。

5 放假的时候, 你打算做什么?

> **Vocabulary**
>
> 下一个假期是 (暑假, 新年, 圣诞节, ……)。
>
> 放假的时候, 我打算先 (写作业, 复习数学, ……), 然后(玩电脑游戏, 去语言俱乐部, 学打网球, ……)。

6.1 工作机会 Job opportunities

1 选择合适的词语完成句子。**Choose the best option to complete the sentences.**

1 我们和妈妈工作（单位 / 人员）的朋友们一起吃晚饭。

2 请问你们的（营业时间 / 下班时间）是不是早上九点到晚上九点？

3 今天晚上我要一边看网球明星的（采访 / 音乐会），一边吃巧克力。

4 我的家人在国外，（不过 / 和）我们经常（一起吃晚饭 / 打视频电话）。

5 哥哥在慈善店当（老师 / 义工），有时候给（义卖 / 找钱）活动帮忙。

6 我认为打工很好，因为它不但可以有工作（经验 / 设备），而且可以（挣钱 / 专心）。

2 把词语按正确的顺序组成句子。**Put the words in the correct order to make sentences.**

1 义工 / 慈善商店 / 上周末 / 在 / 姐姐 / 当

_____

2 视频电话 / 爸爸 / 打 / 经常 / 发短信 / 一边 / 一边

_____

3 好朋友 / 手机 / 一边 / 玩 / 包子 / 一边 / 我的 / 吃

_____

4 喜欢 / 是不是 / 记者 / 哥哥 / 不 / 你 / 当？

_____

5 竞争压力 / 家 / 这 / 工作 / 很大 / 公司的 / 是不是？

_____

3 阅读短文并判断句子的对错。错的改正。**Read the text and decide if the sentences are true (T) or false (F). Correct if it is false.**

> 你好，我叫 Ayu。去年毕业以前，我在网站看到一个工作广告，有一个单位需要一位学生在慈善义卖活动中拉大提琴。我对这份工作很感兴趣，因为我不但想挣零花钱，而且也会拉大提琴。我给这个单位发了我的简历，他们觉得我很合适，所以我顺利地在那里工作了。

1 Ayu 毕业以前在报纸上看到感兴趣的工作。T/F _____

2 她想当义工。T/F _____

3 这个工作需要会弹钢琴的员工。T/F _____

4 Ayu 申请了这份工作。T/F _____

5 她成功地在慈善义卖活动中工作。T/F _____

4 练习朗读练习**3**的短文，也可以录音给你的老师听。**Practise saying the text in activity 3. You could record it and send it to your teacher.**

5 在网上或报纸上找一找你的社区内的义工工作，写一篇短文来回答下面的问题。**Search online or in a newspaper for a volunteering opportunity in your area. Write a paragraph to answer the questions below.**

- 你在哪儿看到这份义工工作？
- 工作时间、地点和要求是什么？
- 这个工作有什么好处？

_____

_____

_____

_____

_____

6.2 工作经验 Work experience

1 圈出不属于该组的词语，并说明理由。**Circle the word that doesn't belong in the group. Give reasons for your choice.**

1 信封 / 邮票 / 信箱 / 短信

_____

2 运动员 / 外卖员 / 服务员 / 邮递员

_____

3 找钱 / 零花钱 / 存钱 / 挣钱

_____

2 参考例句，用下列词语造句。**Use the words to write sentences.**
例子 **For example：**（我、海边、散步）我在海边散散步。

1 (Jaya、餐厅、吃饺子)

_____

2 (Nizard、故宫、写书法)

_____

3 (他、实验室、看电视)

_____

4 (Palak、北京、逛街)

_____

5 (工人、慈善店、听音乐、吃外卖)

_____

6 (学生们、学校、……)

_____

7 (Make your own sentence using the same structure as above.)

_____

3 把问题和答案配对。**Match the questions to the answers.**

1 请介绍一下你自己。

2 请问你在哪里看到这个工作广告的?

3 你的地理怎么样?

4 你的性格怎么样?

5 你为什么想做这个工作?

a 大家都说我是一个又开朗好奇心又强的人。

b 我认为我的性格和爱好很合适这个工作,而且我想挣钱存大学的学费。

c 我叫小书,今年中学毕业了。

d 那是我最喜欢的科目,我的成绩也很好。

e 我在图书馆看到这个单位需要一位员工。

4 用你自己的情况来回答练习 **3** 的问题,写完整的句子。然后和同学练习对话。**Answer the questions in activity 3 with your own answers. Write full sentences. Then practise these with your partner.**

1 _____

2 _____

3 _____

4 _____

5 _____

5 阅读短文并用方框里的词语填空。**Read the text and fill the gaps with words from the box.**

| 申请 | 一下 | 已经 | 答案 | 机会 | 面试 |

我上个周末在图书馆和一位老太太聊天聊得很开心,她跟我说有一个很好的工作 **1**_____, 所以我上网 **2**_____ 了这个工作。三天以后,那家公司给我 **3**_____ ,说我 **4**_____ 可以去工作了。我很好奇,所以问了 **5**_____ 公司的员工。他们说那位老太太是公司的经理、聊天的时候,她认为我很合适,所以我不用 **6**_____ 了。

6 再读练习 5 的短文，用完整的中文句子回答问题。**Read the text in activity 5 again and answer the questions in Chinese in full sentences.**

1 她在哪里和这位老太太聊天？

_____

2 她怎么申请这份工作的？

_____

3 她有没有顺利在这个单位工作？

_____

4 为什么她不用面试？

_____

5 这位老太太是做什么的？

_____

6.3 快乐工作 Happy at work

1 选择合适的词语完成句子。**Choose the best option to complete the sentences.**

1 工作中有困难，（愿意 / 讨厌）要求帮忙就可以顺利完成工作。

2 考试考得差，不是（工作 / 运气）不好，而是要更努力。

3 我中学的时候就（决定 / 需要）以后要继续上大学。

4 要有快乐的工作（设备 / 生活），就要先有对的工作方式。

5 如果（不用 / 敢）说出自己的意见，就有机会成功。

6 因为我每天很努力学习，所以我对我的成绩很（难过 / 满意）。

2 阅读短文并完成表格。**Read the text and complete the table.**

> 1 放假的时候，我去市区的咖啡馆打工。当服务员不容易，来咖啡馆的人要求很多，我每天都很累。不过妈妈告诉我，虽然工作很累，但是我不但学会了做咖啡，也学会了打扫。我觉得很开心。
>
> 2 去年我在图书馆当义工。有人说图书馆工作很没意思，每天的工作都一样。我有时候也觉得没有意思，但是我喜欢给来图书馆的人帮忙，或是给小学生读书，这让我觉得很愉快。
>
> 3 我的爸爸是一个电脑公司的经理，他很忙，他的工作压力很大，总是不在家吃晚饭。不过，爸爸不带工作回家，我们星期六经常一起做运动和看电影。爸爸说如果工作压力大，下班后就需要有放松的时间，这样才可以有健康的工作生活。

	什么工作?	在哪里?	坏处/为什么?	怎么可以觉得快乐?
1				
2				
3				

3 参考练习2, 用你自己的情况完成下面的短文。**Complete the text below with your own answers. Use activity 2 as a reference.**

> 放假的时候, 我去 a _____ 打工。当 b _____ 不容易, 因为 c _____, 我每天都很累。不过 d _____ 告诉我, 虽然工作很累, 但是我不但学会了 e _____, 也学会了 f _____。我觉得当 g _____ 很 h _____。

4 用方框里的词语完成句子, 有的词语可能需要多次使用。**Complete the sentences with words from the box.**

> 必须　　应该　　可以　　被　　经常

1 我和妈妈 _____ 去慈善店买衣服。

2 我们 _____ 每天运动, 所以我和家人 _____ 去健身房跑步。

3 今天晚饭以后, 我们 _____ 去散散步。

4 除了运动以外, 我们 _____ 有健康的饮食。

5 桌上的鱼 _____ 小猫吃了。

6 在中国, 每个学生都 _____ 穿校服。

7 房子 _____ 我们打扫得干干净净。

8 中文老师 _____ 去运动, 所以她很健康。

5 用完整的句子回答问题。**Ask your partner or family what a happy job is like. Write full sentences.**

1 你认为什么是快乐的工作? _____

2 你认为什么是不快乐的工作? _____

3 怎样可以有愉快的工作生活? _____

6 把练习 5 的答案写成演讲稿, 录音给你的老师听。**Put the answers of activity 5 together as a presentation and record it or read it to your teacher.**

68 六十八

→ *Grammar: A4 Auxiliary verbs* 可以, 应该, 必须 SB p.308, *Adverbs of frequency SB p.313, The* 被 *construction SB p.324*

6.4 做好自己的工作 Being good at your job

1 把词语和正确的意思搭配起来。**Match the words with the correct meaning.**

1	专心	a	工作做完了, 不再继续
2	认真	b	觉得其他人是对的, 和自己的意见一样
3	结束	c	一段时间里只做一个工作
4	解决	d	不应该做; 不要
5	同意	e	很用功地做一个工作
6	别	f	给问题找到答案, 让它不再是问题

2 把句子按正确的顺序组成对话。**Put the sentences in the correct order to make a conversation.**

Orked: 我昨天去那个工作单位面试了。

朋友: **1** _____   a 哦? 顺利吗?

Orked: **2** _____   b 太好了! 你上个周末很认真努力地准备了这个面试。回答得怎么样?

朋友: **3** _____   c 没有, 现在是假期呢。

Orked: **4** _____   d 还可以! 我没有迟到, 也没肚子疼。

朋友: **5** _____   e 那只好下个星期看看吧!

Orked: **6** _____   f 公司给你回答了吗?

朋友: **7** _____   g 回答得挺好的。我性格好, 能交流, 又有礼貌、工作经验也多, 应该没问题。不过公司不同意我在家工作。

3 再读练习 **3** 的文章, 回答问题, 把正确答案写在前面的括号里。**Read the text above again. Choose the best option to answer the questions. Write the correct letter in the brackets.**

1 Orked 什么时候面试? (_____)   a 下个星期   b 上个周末   c 昨天   d 今天

2 她怎么准备面试? (_____)   a 没准备   b 每天准备   c 又认真又努力   d 准备了一点儿

3 Orked 的面试怎么样? (_____)   a 肚子疼   b 很顺利   c 迟到了   d 下个星期面试

4 她回答得怎么样? (_____)   a 很好   b 还可以   c 太差了   d 不太好

5 Orked 没有回答哪一方面? (_____)   a 谈话   b 礼貌   c 教育   d 性格

6 Orked 跟公司要求什么? (_____)   a 工资高   b 不用去办公室工作   c 假期多   d 当经理

4 参考例句，用括号里的词语造句。**Make sentences with the given words, using the examples to help you.**

例子 For example: (晚饭、吃) 我晚饭吃完了。

1 (作业、做) _____

2 (房间、打扫) _____

例子 For example: (睡觉) 姐姐没睡觉。

3 (同意、要求) _____

4 (结束、面试) _____

例子 For example: （下雨） 快下雨了。

5 (车, 来) _____

6 (假期, 开始) _____

5 读下面的工作广告，用中文回答问题。**Read the job adverts and answer the questions in Chinese.**

1　你喜欢面条吗?

"好好吃面条馆"需要两位服务员，一周二十个小时，下午五点到晚上九点，包晚餐。如果你喜欢面条，喜欢走路，工作专心，喜欢聊天，爱干净，请打电话给我们。

工资: $400/月

2　你玩网络游戏吗?

如果你喜欢玩网络游戏，工作认真，会中文和法文，那么我们需要你! 我们是一家网络语言学习公司，我们需要你实验我们的新语言游戏。你可以在家工作，每星期到公司上班一天，告诉我们每个游戏的好处和坏处。游戏员工资: $13/小时

3　有爱的义工

"首都医院"需要几位义工给看病的老人拿药，带病人散步。如果你愿意帮助病人，喜欢聊天，而且很友好，欢迎通过电子邮件申请。

上班时间: 一周三天，早上八点到下午一点半或者下午一点半到六点。

---

1 如果你喜欢玩电脑游戏，想挣零花钱，又不喜欢去办公室工作，上面哪个工作合适?

_____

2 哪一份工作需要给老人帮忙，也需要常常散步?

_____

→ Grammar: A4 Complements of result SB p.310, Progressive actions SB p.308, Future indicators SB p.308

3 哪一份工作是在晚上工作, 也包晚餐?

_____

4 如果你汉语不错, 可以申请哪一份工作?

_____

5 你认为哪一份工作最好? 为什么?

_____

6 参考练习6, 写一个工作广告。**Write a job advert similar to those in activity 6.**

_____

_____

_____

7 选练习6中的一个工作, 写一封申请信给该工作单位。**Choose one job from activity 6 to apply for. Write a cover letter to apply for the job.**

包括: Include:

- 你在哪儿看到这个工作
- 你的教育经历
- 你的性格和爱好
- 你为什么适合这个工作

然后朗读你的文章。**Then read your letter aloud.**

_____

_____

_____

_____

_____

_____

_____

_____

6.5 计划未来 Planning for the future

1 从方格里找到右边的词语, 并写出英语意思。**Find the following words in the boxes and write down the meaning.**

特	点	工	民	族
退	作	将	专	可
休	钱	来	心	能
家	理	想	希	愉
信	生	活	望	快

1 理想 _____

2 民族 _____

3 可能 _____

4 退休 _____

5 将来 _____

6 希望 _____

7 特点 _____

2 用方框里的词语完成短文。**Complete the sentences with words from the box.**

> 退休　　希望　　特点　　将来　　民族　　可能

> 　　　最近我的好朋友问我 **1** _____ 想做什么职业, 我说我喜欢看不同的地方, 所以我 **2** _____ 当一个博主, 我的博客上会有不同 **3** _____ **4** _____ 的照片、视频和文章。 **5** _____ 以后, 我 **6** _____ 可以有一家咖啡馆, 跟喜欢喝咖啡的人聊聊天, 这样的生活就会让我很满意。

3 阅读以下短文。选择唯一正确的答案, 在方格里打勾 (✔) **Read the text below and tick (✔) the correct answer in the box.**

> 学生一: 中学的时候, 我最喜欢化学课, 而且我对科学很感兴趣! 所以我决定在大学读化学, 将来当一个科学家, 实验出一种可以让人又健康又聪明的茶。现在我必须更努力学习, 才可以实现这个希望。
>
> 学生二: 小学的时候, 我看了一个关于动物的电影以后, 我开始喜欢动物。我周末经常去动物医院看小动物, 决定将来想当一个兽医, 给没有家的动物看病。我认为自己很友好, 也很认真, 所以这个工作很适合我。
>
> 学生三: 在学校我很喜欢技术课, 特别是制作饮料和点心的课。我打算中学毕业以后, 一边在技术学院学习做面包和点心, 一边工作挣钱。将来我想当一个商人, 开咖啡车到不同的地方卖咖啡和点心, 也可以和不同地方的人聊天。

1 谁以后想帮动物看病?

学生一 ☐　　　学生二 ☐　　　学生三 ☐

2 谁喜欢做蛋糕?

学生一 ☐　　　学生二 ☐　　　学生三 ☐

3 谁未来想做科学实验?

学生一 ☐　　　学生二 ☐　　　学生三 ☐

4 谁计划中学以后一边学习一边打工?

学生一 ☐　　　学生二 ☐　　　学生三 ☐

5 谁决定大学毕业以后要当一个科学家?

学生一 ☐　　　学生二 ☐　　　学生三 ☐

4 把问题和答案配对, 然后练习对话。**Match the questions to the answers. Practise saying these.**

1 毕业后你的计划是什么?　　　**a** 我认为必须能交流、会写作和有好奇心。

2 你有什么爱好?　　　**b** 他们很想住在农村, 每天去郊区散步。

3 你是个安静的人吗?　　　**c** 我先去北京看爷爷, 然后上大学。

4 你父母退休以后想做什么?　　　**d** 我的性格又活泼又开朗, 大家都喜欢我。

5 你认为上大学重要吗?　　　**e** 我喜欢弹吉他, 有时候会看看书。

6 当记者需要什么特点?　　　**f** 是的。有人说大学生活丰富多彩, 是一个重要的经历。

5 看句子, 写出过去时和将来时。**Read the sentences and write out their past tense and future tense.**

1 他去中国。

(过去时) _____

(将来时) _____

2 我写作业。

(过去时) _____

(将来时) _____

3 爸爸去国外。

(过去时) _____

(将来时) _____

6 完成下列句子。**Complete the sentences.**

1 我知道我将来想 _____

→ *Grammar: A5 Perfective aspect marker* 了 *SB p. 309, Future indicators SB p.308*　　　七十三　**73**

2　我认为当一边……　一边……　_____

3　哥哥的申请信被 _____

4　爷爷奶奶退休后 _____

5　我的好朋友快要 _____

7 把词语按正确的顺序组成句子。**Put the words in the correct order to make sentences.**

1　理想 / 当 / 我的 / 是 / 工程师 / 网站

　_____

2　有意思 / 义工 / 很 / 当

　_____

3　有 / 打算 / 你 / 什么 / 将来?

　_____

4　中国 / 希望 / 当 / 将来 / 去 / 记者 / 我

　_____

5　哥哥 / 要 / 了, 先 / 他 / 工作 / 毕业 / 决定

　_____

8 采访你的朋友或家人, 问问他们下面这些问题, 把他们的回答用中文写成短文。**Interview your partner or one of your family members about their work experience and write it down.** 说说: **Include:**

- 你写的是谁?　她/他在学校喜欢什么科目?
- 她/他小时候希望长大以后做什么工作?
- 她/他现在的工作是什么?
- 她/他喜欢现在的工作吗? 为什么?

Extension: 文章里包括你对他们的工作的意见。**Include your opinions about their job in the writing.**

_____

_____

_____

_____

_____

_____

> 员 **yuán** *employee*
>
> The character 员 combines 口 (kǒu), meaning 'mouth' or 'speech', with 贝 (bèi), meaning 'shell' — which was an ancient form of currency. It originally related to people involved in trade or work — those who 'speak about money'.
>
> When writing this character, write the upper part 口 first, followed by the lower part 贝. 员 as a component as this also serves as the phonetic element in 圆 (yuán), which you learned in Chapter 1.2.
>
> As a suffix, 员 is used to form nouns referring to an employee, member, or person engaged in a particular occupation or role. For example: 员工 (employee), 成员 (member), 服务员 (waiter/service staff). Can you figure out the meanings of the following words? 店员、队员.

1 写出学过的有"员"字的词语, 越多越好。然后写出这些词语的意思。**What words/phrases have you learned that include the character 员? Write as many as you can and write the meaning of the words/phrases too.**

2 用方框里的字组词, 越多越好。**Using characters from the box, write as many words as you can using each character.**

师	
业	
工	
信	

3 把下列词语和正确的分类连在一起。**Connect the words to the correct categories.**

happy	考试	愉快	test

义卖　　　满意　　　　　慈善

教授　　　　　　面试

| charity | 空乘　　快乐　　邮递员　　义工 | job title |

Role play

和同学一起完成这个角色扮演, 回答对方的问题, 然后交换角色。**Work with a partner to carry out this role play. Answer your partner's questions. Then, change roles.**

你参加慈善商店的工作面试。 经理问你一些问题。**You're attending a job interview at a charity shop. The manager is asking you some questions.**
你: 你自己 同学: 慈善商店经理

同学: 请你说说你的性格和爱好?
你: ……

Vocabulary

> 好的, 我的爱好是(游泳, 打篮球, ……)和 (下棋, 跳舞, ……)。
> 我是一个 (活泼, 安静, 努力, ……) 和 (幽默, 有礼貌, 开朗, ……) 的人。

同学: 在课堂以外, 你怎么使用你的中文?

你: ……

Vocabulary

> 我学中文学了 (多长时间)。在课堂以外, 我有时候 (用中文和同学聊天, 用中文写信, 听中文歌曲, ……)。

同学: 你理想的工作是什么?

你: ……

Vocabulary

> 我以后理想的工作是当一位……, 因为……。

同学: 你觉得你父母的工作怎么样?

你: ……

Vocabulary

> (我爸爸/妈妈是一位……),我觉得我爸爸/妈妈的工作很 (忙, 有趣, 无聊, ……) , 因为……。

同学: 你觉得当义工的好处是什么?

你: ……

Vocabulary

> 我想当一位义工, 因为我认为当义工可以学到 (不同的经验, 技术, ……) , 也可以 (帮助别人, ……) 。

7.1 最佳旅游时间 Best time to holiday

1 阅读短文。选择唯一正确的答案，在方格里打勾 (✔)。**Read the texts below. Choose the correct answer and tick (✔) the box.**

季节

A 冰冰： 我不太喜欢热的天气。天气冷的时候，我会觉得很开心。这里冬天气温只有零到十五度，有时候还会下雪。

B 王爱：天气热的时候，我想吃冰淇淋。这个季节我在放暑假，我常常跟朋友去游泳。

C 子乐：我喜欢天气暖和的季节。这个季节不冷也不热，我们会庆祝农历新年，我觉得这样的天气很舒服。

D 文西：秋天树叶会变黄，气温大概二十度。我喜欢在这个时候去做一些休闲活动。

---

1 谁喜欢夏天？

   A ☐   B ☐   C ☐   D ☐

2 谁喜欢春天？

   A ☐   B ☐   C ☐   D ☐

3 谁的心情会被天气影响？

   A ☐   B ☐   C ☐   D ☐

4 谁喜欢戴手套、穿大衣的季节？

   A ☐   B ☐   C ☐   D ☐

5 谁最可能在他喜欢的季节去爬山？

   A ☐   B ☐   C ☐   D ☐

2 你正在填写一张关于你最喜欢的季节的表格。请用中文填写下面的表格。**You're filling in a form about your favourite season. Please fill in the form in Chinese.**

1 姓名	
2 最喜欢的季节	
3 这个季节的气温	
4 这个季节的天气	
5 可以做的活动	

3 把句子改写成"把"字句。**Rewrite the following sentences using the '把' construction.**

1 爸爸打开了门。 _____

2 妈妈洗干净了衣服。 _____

→ *Grammar: A3 The 把 construction SB p.323*

3 姐姐打扫了房间。 _____

4 弟弟完成了作业。 _____

5 他看完了这本小说。 _____

4 用方框里的词语完成句子, 有的词可能需要多次使用。 **Complete the sentences with words from the box.**

> 要　　会　　把

1 记得 _____ 窗户关好。

2 他打算去中国学习, 所以 _____ 学汉语。

3 她学了五年钢琴, 所以 _____ 弹钢琴。

4 哥哥 _____ 三明治吃完了。

5 今天我 _____ 晚一点儿睡, 因为 _____ 把作业做完。

5 用"要"和括号里的词语完成句子。 **Complete the sentences using '要' and the words in brackets。**

1 那家饭馆会有很多人, 我们 _____。(早一点儿去)

2 明天学校会很忙, 你 _____。(休息)

3 这次考试会很难, 我 _____。(复习)

4 今天天气会转冷, 你 _____。(围巾)

5 生病会很不舒服, 你 _____。(医生)

6 回答这些关于天气的问题, 然后和同学练习对话。 **Answer the questions about the weather. Practise saying these with your partner.**

1 今天的天气怎么样?

2 你的国家有几个季节?

3 你喜欢在哪个季节旅行? 为什么?

_____

_____

_____

7.2 假期安排 Making holiday arrangements

1 把词语放入正确的分类中。 **Put the words into the correct categories.**

> 机场　飞机　泳衣　停车场　船　酒店　毛巾　牙膏　护照　签证　地铁

1 建筑和设施 Buildings/Facilities	2 交通工具 Transportation	3 放在行李里的东西 Items in luggage	4 出国要准备的文件 Travel documents
a 机场	a 飞机	a 泳衣	a 护照
b	b	b	b
c	c	c	

2 阅读有关度假的对话并判断句子的对错, 错的改正。**Read the dialogue about holidays and decide if the sentences are true (T) or false (F). Correct the false sentences.**

> Narin: 假期你打算去哪儿度假?
> 李丽: 我和家人会去法国度假。你呢?
> Narin: 我要去中国。
> 李丽: 你订好机票和酒店了吗?
> Narin: 我已经订了机票和酒店, 签证也办好了。
> 李丽: 你什么时候去?
>
> Narin: 这个星期五,
>   我会坐中国航空公司的飞机去。
> 李丽: 你的飞机几点起飞? 你会怎么去机场?
> Narin: 早上八点起飞。我会坐出租车去。
> 李丽: 机场的设施很好。
> Narin: 是的, 还可以换钱!

1 李丽打算去中国度假。T/F _____

2 Narin 已经准备好了签证、机票和酒店。T/F _____

3 李丽会坐中国航空公司的飞机。T/F _____

4 Narin 会开车去机场。T/F _____

5 机场里可以换钱。T/F _____

3 再读练习 **2** 的对话, 找出与下面英文相对应的词语。**Read the dialogue again and find the words that correspond to the following English words.**

1 aviation _____

2 facilities _____

3 handle/do _____

4 take off _____

5 go on vacation _____

6 exchange money _____

4 以练习 **2** 的对话为例, 回答下面的问题。然后和同学练习对话。**Read and answer the questions below. Then practise saying these with a partner. Look at activity 2 to help you.**

1 假期你打算去哪里度假?

_____

2 你的机票和酒店都订了吗?

_____

3 你的签证办了吗?

_____

4 你会坐哪个航空公司的飞机?

_____

5 你会怎么去机场?

_____

5 根据下面的句子, 用"怎么"来提问。**Read the sentences. Use '怎么' to write the questions.**

1 _____

我坐地铁去图书馆。

2 _____

弟弟上网学习中文。

3 _____

妹妹用平板电脑看动画片。

6 用"从……来"回答下面的问题。**Answer the questions using '从……来'.**

1 这本书是从哪里买来的?

_____

2 老师是从哪里来教室的?

_____

3 这个包裹是从哪里寄来的?

_____

7 把词语按正确的顺序组成句子。**Put the words in the correct order to make sentences.**

1 去 / 学校 / 他 / 上课 / 到 _____

2 体育馆 / 打球 / 我们 / 到 / 去 _____

3 到 / 东西 / 以后 / 妈妈 / 买 / 商场 / 去 / 下班 _____

4 弟弟 / 到 / 玩儿 / 生病了, / 虽然 / 但是 / 他 / 去 / 游乐场 / 还是 _____

_____

8 写一写你想去哪里度假。用中文写 **80–100** 个字。**Write about where you'd like to go on holiday. Write 80-100 characters in Chinese.**

- 你想去哪里度假;
- 你想跟谁一起去;
- 度假前要准备什么;
- 在那里你会做些什么活动。

→ _Grammar: A5 Interrogative sentences using question word_ 怎么 _SB p.320; A6 & A7_
Simple directional complements SB p.309

7.3 愉快的家庭旅行 Positive family holidays

1 根据下面网民的评论，判断他们对家庭旅行的经验是：**A** 正面的，**B** 负面的或 **C** 正面和负面的都有，在正确的方格里打勾。**Based on the comments below, decide whether each person's experience of family travel is A positive, B negative or C both positive and negative. Answer by ticking one box only.**

💬 网民 **A**

我们上次家庭旅行是跟旅行社去的。旅馆没有家里舒服，而且每天要早起床，去参观景点，很累。

💬 网民 **B**

我们是今年新年去北京的，看到了很多历史建筑。我觉得这是一个很好的机会，可以多了解家人，但是游客太多了。

💬 网民 **C**

家庭旅游常常有很多麻烦。上个假期我们去了北海公园，可是弟弟一直哭，所以我们很快就结束了旅行。

💬 网民 **D**

去年我们全家是坐火车去西安的。西安的旅馆很舒服，而且我们拍了很多照片。大家都觉得这次旅行非常有意思！

1 网民 A: A 正面的 ☐   B 负面的 ☐   C 正面和负面的都有 ☐
2 网民 B: A 正面的 ☐   B 负面的 ☐   C 正面和负面的都有 ☐
3 网民 C: A 正面的 ☐   B 负面的 ☐   C 正面和负面的都有 ☐
4 网民 D: A 正面的 ☐   B 负面的 ☐   C 正面和负面的都有 ☐

2 根据练习 **1** 网民的评论，回答问题。**Read the blog comments in activity 1 again and answer the questions.**

1 网民 A 上次是怎么去旅行的？

_____

2 网民 B 认为家庭旅行的好处是什么？

_____

3 网民 C 觉得家庭旅行怎么样？

_____

4 网民 D 去西安旅行的时候做了什么?

_____

3 用你自己的情况回答问题, 写完整的句子, 然后和同学练习对话。**Answer the questions about family travel. Use full sentences. Practise saying these with a partner.**

1 你们上一次家庭旅行去了哪里?

_____

2 什么样的家庭旅行让你最满意?

_____

3 跟家人一起旅行, 最重要的是什么?

_____

4 用方框里的词语完成句子。**Complete the sentences with words from the box.**

记住	交通	通知	习惯	说明	举行	禁止	选择

1 这里 _____ 吸烟。

2 学校七月会 _____ 运动会。

3 我已经 _____ 了早上喝牛奶。

4 你要 _____ 出门前把窗户关好。

5 老师 _____ 我们下个月有篮球比赛。

6 你可以 _____ 坐飞机或者火车去北京。

7 市中心的 _____ 很方便, 有地铁和公共汽车。

8 导游在车上跟我们 _____ 了今天会去参观的地方。

5 用"是……的", "比……更"或 "A 没有 B + 形容词"来改写句子。**Rewrite the sentences using the '是……的', '比……更' or 'A 没有 B + adjective' structure.**

1 我上个星期去天津。(是……的)

_____

2 我们去年去旅行。(是……的)

_____

3 这条连衣裙漂亮, 那条连衣裙更漂亮。(比……更)

_____

4 这家商场大, 旁边的商场更大。(比……更)

_____

→ _Grammar: A5 The_ 是……的 _construction SB p.322, Use of_ 比……更 _and_ 没有 _in comparisons SB p.315_

5 我的中文好, 你的中文更好。(没有……好)

_____

6 今天天气热, 昨天天气更热。(没有……热)

_____

6 写 2– 3 个旅游的好处。**Write about 2–3 benefits of travelling in Chinese.**

1 _____

2 _____

3 _____

7.4 假期出行 Getting around on holiday

1 阅读有关度假酒店的介绍, 回答问题。**Read the text about a holiday hotel and answer the questions.**

开心度假酒店介绍!

交通方式:

- 从机场来: 坐 30 路车, 坐八站, 在 "开心酒店" 站下车。
- 开车: 酒店有停车场, 入口在酒店的左边。

附近设施:

- 超市: 酒店右边 100 米。
- 火车站: 出大门向左转, 就在马路对面。
- 汽车站: 从酒店往北走, 在第一个十字路口的红绿灯向右转, 再走 200 米, 汽车站在你的左边。

附近景点:

- 海边: 从酒店大门往南走, 路过第一个十字路口, 在红绿灯向左转, 继续往前走 5 分钟就到海边。
- 动物园: 走到火车站, 坐开往西边方向的火车, 坐六站, 在 "动物园" 站下车。

如果有问题, 欢迎发电子邮件 (kaixinresort@hmail.com) 给我们的工作人员。

---

1 从机场到开心酒店要坐几路车?

   a 8 路   **b** 30 路   **c** 100 路

2 酒店的停车场入口在哪儿?

   a 酒店南边   **b** 酒店右边   **c** 酒店左边

3 去动物园可以用什么交通方式?

   a 火车   **b** 公共汽车   **c** 地铁

4 走去汽车站的路上，会经过什么？

　　a 地铁　　　　**b** 红绿灯　　　　**c** 超市

5 想问工作人员问题，可以怎么做？

　　a 打电话　　　**b** 上网留言　　　**c** 发电子邮件

2 写出下面词语的反义词。**Write the antonyms of the following words.**

1 前：_____　**2** 左：_____

3 东：_____　**4** 南：_____

3 把问题和答案配对，然后和同学练习对话。**Match the questions to the answers. Practise saying these with a partner.**

1 请问到超市怎么走？　　　　**a** 在电影院的旁边。

2 咖啡馆在哪儿？　　　　　　**b** 不远，走路五分钟就到。

3 你家离学校远吗？　　　　　**c** 一直往前走，看到红绿灯向左转。

4 厕所离这里近不近？　　　　**d** 很近，就在前面。

5 酒店到博物馆怎么走？　　　**e** 开往南京的。

6 这火车是开往哪里的？　　　**f** 从这里坐 5 路车，坐三站，在博物馆站下车。

4 用方框里的词语完成句子。**Complete the sentences with words from the box.**

> 到　　怎么走　　哪儿　　在　　边

1 从旅馆 _____ 市中心怎么走？

2 你的书包在 _____ ？

3 公园 _____ 游乐场的右 _____ 。

4 请问 _____ 机场 _____ ？

5 美术馆 _____ 超市的左 _____ 。

5 把词语按正确的顺序组成句子。**Put the words in the correct order to make sentences.**

1 开往 / 这 / 哪里 / 火车 / 是 / 的？

　　_____

2 到 / 请问 / 图书馆 / 怎么走？

　　_____

3 红绿灯 / 往 / 右 / 转 / 到了

　　_____

4 医院 / 车站 / 离 / 很 / 近

　　_____

5 离 / 家 / 你 / 学校 / 远 / 吗？

　　_____

6 坐 / 1 路 / 公共汽车 / 可以 / 动物园 / 去 / 你

　　_____

6 假设你和你的朋友在武汉，写出以下问题的答案，然后和同学练习对话。**Imagine that you and your friend are in Wuhan. Write answers to the questions below, then practice saying these with your friend.**

1 武汉市中心里这里有多远？

_____

2 从这里怎么去武汉市中心？

_____

3 那里附近有什么好玩的地方？

_____

4 你觉得武汉怎么样？

_____

7.5 解决出游问题 Coping when things go wrong on holiday

1 圈出不属于该组的词语，并说明理由。**Circle the word that doesn't belong in the group. Give reasons for your choice.**

1 丢 / 虫 / 偷 / 咬 _____

2 故事 / 哭 / 失望 / 着急 _____

3 姓名 / 性别 / 诊所 / 国籍 _____

4 迷路 / 检查 / 游览 / 服务台 _____

2 阅读下面的博客，回答问题。**Read the blog and answer the questions.**

> **火车站售票员的一天**
>
> 大家好，我是火车站的售票员，今天在服务台工作，经历了很多事。
>
> 早上，一个游客来找我，说他的背包丢了，他很着急。我带他去找警察，最后他找到了背包，很开心。
>
> 中午，一个小朋友哭着说他迷路了，我带他到服务台等爸爸妈妈。过了一会儿，他的爸爸妈妈来了，小朋友这才笑了起来。
>
> 下午，十个大学生来买票，他们买了去武汉的单程票。他们一边买票一边讨论要去哪里游览，大家都很开心。
>
> 今天虽然很忙，但是我觉得很有意思！

1 售票员今天在哪里工作?

_____

2 早上的游客怎么了?

_____

3 小朋友为什么哭了?

_____

4 大学生们买了什么票?

_____

5 售货员觉得今天怎么样?

_____

3 从练习 **2** 的短文中找出合适的词语完成句子。**Find suitable words from the blog to complete the sentences.**

1 妈妈找不到护照, 很 _____ 。

2 昨天我在商场 _____ 了, 很害怕。

3 _____ 说下一班火车会在下午三点准时出发。

4 下个假期我要去 _____ 长城。

5 我的钥匙 _____ 了, 我没办法进房子里。

4 学校杂志想了解学生在面对旅行问题时, 会怎么解决。请给校报写一篇约 **150** 字的文章。**The school magazine wants to find out how students deal with travel problems. Write an article of about 150 words.**

说说 Include:

1 你最近一次旅行是什么时候;

2 你是跟谁一起去的;

3 如果你在旅行时行李被偷了, 你会怎么做;

4 如果你在旅行时生病了, 你会怎么做;

5 你觉得在旅行前要先做好什么准备?为什么?

_____

_____

_____

_____

_____

走 **zǒu** *walk; leave*

The character 走 (zǒu), meaning 'walk' or 'leave', has a rich history and forms the basis of an important character family. It originally depicted a running figure in oracle bone script, combining the elements of 'feet' (止 zhǐ) and 'ground' (土 tǔ). 走 has evolved into three distinct but related forms that all convey movement. The full 走 character is a radical itself, appearing at the bottom of characters like 起 (qǐ, 'to rise'), where it contributes meaning (movement) and sometimes sound. Later, 走 gave rise to two derivative radicals: the left-sided 彳 (chì) 'double-person' radical, representing footprints, short steps or localized movement as in 往 (wǎng) 'go toward'; and the bottom-placed 辶 (辶, chuò) 'walking' radical, indicating longer journeys or directional movement in characters such as 达 (dá) 'arrive'. While these three forms – the full 走 radical, 彳, and 辶 – differ in appearance and position within characters, they all maintain their connection to concepts of human locomotion.

1 写出学过的有下列偏旁的字，越多越好。**Write as many characters as you can that contain each of these movement-related radicals.**

1 走: 越、 _____

2 彳: 街、 _____

3 辶 : 运、 _____

2 根据练习 **1** 的答案，写出学过的包括这些字的词语，越多越好。**Using the answers from activity 1, which words have you learned that have these characters? Write as many as you can.**

1 走: _____

2 彳: _____

3 辶: _____

3 用方框里的字组词，越多越好。可以查字典。**Using characters from the box, write as many words as you can. You can use a dictionary.**

1. 下	2. 飞	3. 旅	4. 路	5. 外

1 下午、 _____

2 起飞、 _____

3 旅客、 _____

4 路口、 _____

5 国外、 _____

Role play

和同学一起完成这个角色扮演, 回答对方的问题, 然后交换角色。**Work with a partner to carry out this role play. Answer your partner's questions. Then, change roles.**

你和姐姐要去火车站买票。她问你一些问题。**You and your older sister are going to the train station to buy tickets. She's asking you some questions.**
你: 你自己; 同学: 你姐姐

同学: 从这里去火车站怎么走?
你: ……

Vocabulary
从这里 (一直往前走就到火车站了。/第二个十字路口向左转, 火车站就在你的右边)。

同学: 我们要买去哪里的票?
你: ……

Vocabulary
我们要买去 (武汉/天津/北京/南京) 的票。

同学: 现在那里的天气怎么样?
你: ……

Vocabulary
现在那里 (是晴天/阴天/正在下雨, 要带雨伞)。

同学: 除了坐火车, 我们还可以怎样去那里?
你: ……

Vocabulary
除了坐火车, 我们还可以 (坐高铁/坐公共汽车/坐地铁)。

同学: 你更喜欢坐飞机还是火车? 为什么?
你: ……

Vocabulary
我更喜欢 (坐飞机, 因为又快又安全)。/我更喜欢 (坐火车, 因为很方便)。

8.1 世界各地的生活 Life around the world

1 按大洲对国家进行分类，并填写在正确的位置上。Classify the countries according to continent, then fill in the correct places

> 澳大利亚　　　法国　　　美国　　　日本　　　印度　　　加拿大
> 英国　　　俄国　　　西班牙　　　德国　　　印尼

1 亚洲: _____, _____, _____

2 欧洲: _____, _____, _____, _____, _____

3 美洲: _____, _____

4 大洋洲: _____

2 把问题和回答配对。Match the questions to the answers.

问题	回答
1 他在哪里卖水果？	a 学校。
2 你打算假期去哪里旅行？	b 中国餐厅。
3 你在哪里学习中文？	c 超市。
4 我们去哪里吃饭？	d 对，请你帮我把这本书放在那里。
5 你需要帮忙吗？	e 西班牙。

3 用"着……着……"把两个句子连成一句话。Use '着……着……' to join the sentences and show two actions happening at the same time.

例子 For example: 奶奶看报纸。奶奶喝茶。奶奶看着报纸喝着茶。

1 我们玩游戏。我们聊天。

_____

2 妹妹画画。妹妹唱歌。

_____

3 爸爸看手机。爸爸吃零食。

_____

4 他走路。他拍照。

_____

5 我们一家人吃月饼。我们一家人做灯笼。

_____

4 用方框里的词语完成短文, 练习读一读。**Complete the text with words from the box. Practise saying it.**

| 交流 | 明白 | 意思 | 交换 | 文化 | 像 |

语言 1 _____ 一把钥匙, 打开人与人 2 _____ 的大门。如果在学习时有不 3 _____ 的字词, 我会用词典找出它们的 4 _____, 帮助自己学习。将来, 我希望能到国外当 5 _____ 学生, 学习其他国家的语言和 6 _____。

8.2 国际旅行的好处 The benefits of international travel

1 用方框里的词语完成句子。**Complete the sentences with words from the box.**

| 听得懂 | 听不懂 | 吃得习惯 | 吃不习惯 | 看得见 | 看不见 |

1 这个菜太辣了, 我_____。

2 太远了, 我_____前面的东西。

3 他发音很好, 所以我_____他说的。

4 老师说中文说得很快, 我_____她的话。

5 你站在这儿, _____前面的名胜古迹吗?

6 国外的食物和家乡的不一样, 你_____那里的饭菜吗?

2 用方框里的词语完成问句。**Fill in the blanks with 多 + stative verb to form questions.**

例子 **For example:** 这个书包多大?

| 多贵 | 多远 | 多长 | 多高 | 多重 |

1 这个行李_____?

2 这条马路有_____?

3 那班飞机飞得_____?

4 你的手机_____?

5 你哥哥有_____?

→ *Grammar: A1 Potential complements with 得 and 不 SB p.310; A2 Interrogative sentences using question word 多 + stative verb SB p.320*

3 把词语按正确的顺序组成句子。**Put the words in the correct order to make sentences.**

1 用 / 人们 / 夹菜 / 筷子

_____

2 话 / 明白 / 我 / 他 / 说的 / 不

_____

3 免费 / 明信片 / 是 / 的 / 这些

_____

4 他 / 奖品 / 赢 / 在 / 比赛中 / 了

_____

5 刚从 / 回来 / 国外 / 姐姐

_____

4 阅读短文并回答问题，然后和同学练习对话。**Read the text and answer the questions. Practise saying these with your partner.**

> 游客一：我去欧洲旅行的时候发现，他们吃饭很少用筷子，都是用刀和叉。
>
> 游客二：几个月以前我去了马来西亚，那里有很多名胜古迹，让我印象很深。
>
> 游客三：我上次去英国是去年十二月，那里的圣诞市场特别热闹。不过我最喜欢的节日还是春节，可以看舞龙舞狮，还可以放烟花，特别有意思。

1 欧洲人喜欢用什么吃饭？

2 游客二发现马来西亚有什么特别的地方？

3 游客三在哪里看到圣诞市场？

4 为什么游客三喜欢过春节？

5 用完整的句子回答以下有关节日的问题，然后和同学练习对话。**Answer the questions about festivals. Write your answers in full sentences. Practise these with your partner.**

你有没有参加过或读过有趣的节日活动？比如圣诞节、春节或其他国家的某个节日？你印象最深的是什么？为什么？

你可以这样回答：

我参加过 / 读过……（节日）。我印象最深的是……，因为……

_____

_____

_____

6 根据提示，写完下面的旅行明信片，然后读一读，注意声调。**Use the hints below to complete the postcard to a friend about your trip. Practise saying it.**

亲爱的_____（朋友的名字），

　　我现在在_____（国家）。今天我去了_____（什么地方），那里非常_____（怎么样）。我吃了_____（食物），吃起来_____（怎么样）。另外，我还买了一些_____（什么东西）作为纪念品。

祝好！

_____（你的名字）

POSTCARD

8.3 世界上哪些地方说中文？ Where in the world is Chinese spoken? (part 1)

1 把句子的前半部分和后半部分搭配起来，然后练习读这些句子。**Match the first part to the second part of the sentence. Practise saying these.**

1	兵马俑是在	a	黄河更长。
2	我想去上海看	b	西湖。
3	我们坐火车	c	到南京。
4	喜欢吃辣的游客	d	陕西省的西安市。
5	她想去杭州游览	e	东方明珠塔。
6	长江比	f	可以到重庆去。

2 用方框里的词语完成句子。**Complete the sentences with words from the box.**

> 挤　　输　　忘　　也许　　古老　　古迹

1　今天出门太着急了，我_____了带钥匙。

2　假期的时候，长城的游客很多，所以特别_____。

3 天气不好, _____我们今天不能去西湖了。

4 欧洲有很多有名的历史_____, 我想去参观。

5 西安是一个很_____的城市, 有很多传统建筑。

6 我们在这次比赛中_____了, 但是学到了很多东西。

3 把句子翻译成中文/英文或你常用的语言。**Translate these sentences into Chinese or English/ your preferred language.**

1 Today is hotter than yesterday.

_____

2 I also want to visit the Yangtze River.

_____

3 We took the train to travel to Xi'an.

_____

4 我下个星期要到南京旅游。

_____

5 他想去西班牙, 我也想去。

_____

6 北京比拉萨更热闹。

_____

4 阅读博客, 判断句子的对错, 错的改正。**Read the blog below and decide if the sentences are true (T) or false (F). Correct the false sentences.**

> 今天我到了南京, 参观了博物馆, 那里不需要买门票, 因为是免费的。南京这个城市比武汉更古老。前天我还去了桂林, 那里的旅游景点都很漂亮, 我太喜欢了! 下次, 我一定要去拉萨看看, 因为那里有世界上很有名的庙。

1 他买了南京博物馆的门票。T/F _____

2 南京比武汉的历史更古老。T/F _____

3 他明天要去桂林参观。T/F _____

4 桂林有很多漂亮的景点。T/F _____

5 他打算去拉萨。T/F _____

→ A3 Use of post-verb 到 SB p.310, *Sentences with an adverbial phrase before a verb -* 也
SB p.313, *Use of* 比 *in comparisons SB p.315*

5 模仿练习 **4** 的博客写一段短文，包括下面的内容。**Write a short blog post based on the blog in activity 4.**

说说：Include：

- 你今天到了哪个城市；（今天我到了……）
- 去那里做了什么；（我参观了……）
- 这个城市跟你的家乡比，哪个更热闹；（**A** 比 **B** 更……）
- 下次你打算去参观什么地方？为什么？（我一定要去……因为……）

_____

_____

_____

_____

_____

6 读一读你写的博客，然后和同学互相提问，回答下面的问题。**Practise reading your blog post aloud. Work with a partner to ask and answer the following questions about your blog.**

1 你今天去了哪个城市？ 2 你参观了什么？ 3 你下次想去哪儿旅行？为什么？

8.4 世界上哪些地方说中文？ Where in the world is Chinese spoken? (part 2)

1 把词语按正确的顺序组成句子。**Put the words in the correct order to make sentences.**

1 目前 / 在 / 她 / 学习 / 新加坡

_____

2 饮食文化 / 这个 / 是 / 西方的 / 录音 / 介绍 / 在

_____

3 特色 / 家 / 四川菜 / 餐厅 / 的 / 是 / 这

_____

4 附近 / 工艺品 / 我家 / 的 / 卖 / 夜市 / 很多

_____

5 和 / 新加坡 / 的 / 差不多 / 文化 / 马来西亚

_____

2 用"像……一样"和括号里的词语改写句子。Rewrite the sentences by using "像……一样".

例子 For example: 妈妈的连衣裙很漂亮。(花) 妈妈的连衣裙像花一样漂亮。

1 他跑得很快。(风)

_____

2 这个苹果很甜。(糖)

_____

3 弟弟跳来跳去。(小鸟)

_____

3 下面的句子是回答。请写出相应的问题，问题中要有量词。完成后，和同学练习问答。The sentences below are answers. Write the questions that match them, using measure words. Then practise asking and answering with a partner.

例子 For example: 我去过两次这家中餐馆。→ 你去过这家中餐馆几次？

1 _____

我们去过两次夜市。

2 _____

我参观过长城四次。

3 _____

我到过英国三次。

4 阅读四位同学的发言，并回答问题，然后练习读出这些句子。Read the four texts, and answer the questions. Practise saying these.

> 学生 A: 我去过非洲两次做义工。除了做义工以外，我也到他们的市场买了很多有特色的工艺品。那里的天空蓝得像画一样美。
>
> 学生 B: 这家餐厅的客人特别多。服务员会用中文为他们点菜。他们说的中文我差不多都听得懂，但口音有点奇怪。
>
> 学生 C: 我目前在印尼度假，本来以为这里的人不会讲中文，但是印尼有很多华人，他们都会讲中文。他们也庆祝春节，也有舞龙舞狮。
>
> 学生 D: 我和家人之前去过四次马来西亚，这次我是和朋友一起去玩儿的。那里有很多好吃的食物，我们每次都吃得很饱。这次去，我还和朋友拍了很多照片，发在社交网站上。

➜ *Grammar: A2 Comparisons using* 像……一样 *SB p.315; A3 Verbal measure word* 次
SB p.310

1　学生 A 买了什么？

　　a　食物　　　　　b　工艺品　　c　明信片

2　学生 B 觉得餐厅的服务员怎么样？

　　a　不太会点菜　　b　会说英文　c　中文口音很奇怪

3　哪一项是学生 C 说到的文化活动？

　　a　舞龙舞狮　　　b　度假　　　c　传统食物

4　学生 D 一共去过几次马来西亚？

　　a　四次　　　b　五次　　　c　六次

5　哪一个学生出国帮助别人？

　　a　学生 A　　b　学生 B　　c　学生 C

5　从练习 4 中找出合适的词语填空。Complete the sentences with the correct words from activity 4.

1　学生 A 说非洲的天空＿＿＿＿＿画＿＿＿＿＿美。

2　学生 B 说餐厅的＿＿＿＿＿很多。

3　学生 C 说印尼华人庆祝春节时也会＿＿＿＿＿。

4　学生 D 说每次去马来西亚都吃得很＿＿＿＿＿。

6　你是Amol。你在申请参加一个语言学习交流活动。请用中文填写下面的表格。You are Amol. You are applying to take part in a language-learning exchange programme. Please fill in the form in Chinese.

姓名	Amol
1 你学习中文多久了？	
2 你在哪里学习中文？	
3 你在家说什么语言？	
4 学习中文有什么好处？	
5 你还会什么语言？	

8.5 做义工 Volunteering

1　阅读有关义工的短文，用完整的句子回答问题。Read the article about volunteering and answer the questions. Write full sentences.

> 以前我没做过义工。上个月，我的朋友邀请我一起去我们家附近的一个运动俱乐部帮忙，教小朋友打羽毛球。我们吃了午饭以后才开始工作，每天都安排了不同的活动。让我印象最深的一次是教一些六岁的小朋友打羽毛球。虽然很累，但是我觉得这个义工活动非常有意义，而且活动是免费的，父母不用花钱。

1 他为什么去做义工? _____

2 他在哪里做义工? _____

3 这个义工活动什么时候开始? _____

4 让他印象最深的是什么事? _____

5 他觉得这个义工活动怎么样? _____

2 再读练习 1的短文, 找出与下面英文相对应的词语。Read the text passage again and find the words that correspond to the following English words.

1 club _____

2 volunteer _____

3 free of charge _____

4 impression _____

5 meaningful _____

6 invite _____

3 用方框里的词语完成句子, 然后和同学练习对话。Complete the dialogue with words from the box. Practise saying this with your partner.

干净　　等　　将要　　目的

A: 你好, 请问你们在做什么?

B: 我是来做义工的, 我们 1_____去帮忙打扫公园。

A: 为什么呢?

B: 这个义工活动的 2_____是让我们住的地方更 3_____。

A: 我也想参加, 可以吗?

B: 当然可以! 你在这边 4_____一会儿, 我给我的老师打电话。

4 根据你自己的情况回答下面有关做义工的问题, 写出完整的句子, 然后和同学练习对话。Answer the questions about volunteer work in complete sentences. Then practise with a partner.

1 你参加过什么义工活动?

_____

2 这个义工活动的目的是什么?

_____

3 你觉得这个活动怎么样?

_____

4 你以后还打算做什么样的义工? 为什么?

_____

5 用"只有……才……"把两个句子连成一句。**Use** '只有……才……' **to combine the two sentences into one.**

例子 For example: 你认真做作业。你可以完成。→ 只有你认真做作业，才可以完成。

1 每天运动。身体会健康。

_____

2 你说出要求。别人能帮你。

_____

3 你早点出发。你不会迟到。

_____

6 用"地"和方框里的词语搭配完成句子。**Complete the sentences using** "地" **and the words in the box.**

| 生气 | 很慢 | 小心 | 专心 |

1 爷爷的腿疼，他_____走过来。

2 哥哥_____说了一句："我比赛输了，我不开心"。

3 义工很_____帮助受伤的老人。

4 老师认真上课，大家都_____听。

7 你上个星期到医院做义工。写一封约150字的信跟你的爷爷分享这次经历。**You volunteered at a hospital last week. Write a letter of about 150 words to your grandfather describing your experience.**

说说: Include:

- 你跟谁一起参加这个义工活动；
- 这个义工活动的目的是什么；
- 你为什么参加这个义工活动；

- 你觉得这个活动怎么样；
- 为了让世界变得更好，我们还可以做些什么？

_____

_____

_____

_____

_____

_____

Chapter 8 Exploring Language

> 国 **guó** *country; nation; state*
>
> The character 国 (guó), meaning 'country' or 'nation', is a fundamental character in Chinese. Its structure depicts a territory or city enclosed within boundaries. It is an ideogrammic compound, combining 囗 (wéi), representing an enclosure or border, with 玉 (yù), meaning 'jade' or 'precious'. As a radical, 囗 (wéi) often indicates enclosure or containment, and it appears in many characters related to boundaries, cities, or areas. The concept of 'country' is central to Chinese culture, often associated with a sense of collective identity and history.

1 写出学过的有"囗"的词语，越多越好。**Look at the radical '囗'. What characters/words have you learned that have this radical? Write as many as you can.**

国: _____

2 用方框里的字组词，越多越好。**Using characters from the box, write as many words as you can using each character.**

| 1 国 | 2 发 | 3 交 | 4 古 | 5 工 |

例子 For example: 1. 国家

1 _____

2 _____

3 _____

4 _____

5 _____

3 用词语造句，句子写得越长越好。**Using the following characters, write sentences. Make them as long as possible.**

1 国家

_____

2 发现

_____

3 交流

_____

4 工作

_____

Conversation

和同学一起就"出国旅行"这个话题进行对话, 回答对方的问题, 然后交换角色。**Work with a partner to have a conversation on the theme of international travel. Answer your partner's questions. Then, change roles.**

1 你喜欢去旅行吗? 为什么?

> **Vocabulary**
> 我 (喜欢/不喜欢) 去旅行, 因为 (可以放松心情/很浪费钱)。

2 说说你上一次旅行的经历。你是什么时候去的? 跟谁一起去的? 去了哪儿?

> **Vocabulary**
> 我上一次旅行是 (去年的寒假/上个月)。我是跟 (家人/朋友) 一起去的。我们去了 (中国的西安看兵马俑, 也去了上海看东方明珠塔。/马来西亚的首都——吉隆坡, 也去了槟城, 那里的食物都很好吃)。

3 如果有机会, 你想去欧洲的哪个国家旅行? 为什么?

> **Vocabulary**
> 如果有机会, 我想去欧洲的 (英国/法国/西班牙), 因为 (我想去看看不同国家的建筑, 感受/体验不同的文化。我也想试试不同国家的食物)。

4 如果你出国时不会当地的语言, 你会怎么跟他们沟通/说话?

> **Vocabulary**
> 如果出国时不会当地的语言, 我会 (用英语跟他们沟通, 因为英语是国际语言。/我会用手机上网查字典来进行沟通)。

5 你觉得了解外国文化重要吗? 为什么?

> **Vocabulary**
> 我觉得了解外国的文化很重要, 因为 (可以帮助我们了解不同国家的人和他们的生活习惯, 也可以更好地跟别人交流)。

9 我们生活的世界 The world we live in

9.1 我的社区: 当地志愿服务 My community: local volunteering

1 圈出不属于该组的词语, 并说明理由。Circle the word that doesn't belong in the group. Give reasons for your choice.

a 熊猫 / 环境 / 大象 / 猴子 _____

b 沙滩 / 海 / 山区 / 老虎 _____

c 太阳 / 星星 / 风景 / 新鲜 _____

d 海南 / 森林 / 树林 / 植物 _____

2 用方框里的句型完成句子, 然后练习说一说。**Complete the sentences with the conjunctions from the box. Practise saying these.**

虽然……, 但是……	因为……, 所以……	除了……以外
只有……, 才……	不但……, 而且……	越来越……

a 这个岛非常漂亮, _____有湖, _____有树林。

b 植物_____可以让家里好看_____, 也可以让空气更新鲜。

c _____海南岛的木色湖环境好, _____有很多野生动物住在里面。

d _____花草树林在, 我们_____能健康地生活。

e 中国人常常说_____家人很重要, _____你的邻居能更快地帮助你。

f 世界上有_____多的旅客来到印尼旅游。

3 阅读短文并判断句子的对错。

> ### 成都熊猫野生动物园
>
> 　　来四川旅游的人一定要参观成都熊猫野生动物园。这个野生动物园在成都的郊区, 是一个可以一边教育游客一边让他们旅游的地方。这里有一个实验室, 许多科学家在这里努力工作, 帮助野生动物。除了熊猫以外, 这个动物园还有大象、猴子和老虎。动物园在山区, 空气新鲜, 也有很多的花草树林, 所以这里非常适合动物生活。因为科学家的努力, 这里的动物越来越多了。

1 成都野生动物园在中国四川。　　　　　　　　　　　T/F

2 很多人只是来熊猫野生动物园旅游。　　　　　　　　T/F

3 这里除了熊猫以外, 没有别的野生动物。　　　　　　T/F

4 在这个湖区, 空气新鲜, 也有很多的花草树林, 很合适动物生活。　T/F

5 成都熊猫野生动物园的动物越来越少。　　　　　　　T/F

4 用下列句型，把词语按正确的顺序组成句子。**Put the words in the correct order to make sentences, using the structures below.**

verb+着:

1 住 / 动物园 / 着 / 野生动物 / 很多 / 的

_____

2 鸟儿 / 的 / 树上 / 着 / 歌 / 唱

_____

3 沙滩上 / 天气 / 好 / 在 / 因为 /, / 着 / 所以 / 大家 / 晒 / 太阳

_____

sentence particle 了:

4 我 / 不能 / 生病 /, / 出去 / 了 / 了 / 玩

_____

5 吃够 / 了 / 他 /, / 吃 / 了 / 弟弟 / 不想

_____

6 没有 / 环境 / 以前 / 了 / 好 /, / 少 / 熊猫 / 也 / 了

_____

越来越 + adjective:

7 因为 / 北京 / 所以 /, / 去 / 的 / 很有名 / 越来越 / 旅客 / 也 / 多

_____

8 夏天 / 人们 / 天气 / 越来越 / 不爱出去 /, / 变得 / 所以 / 越来越热

_____

5 下面是两位同学谈做义工的经验。按"王同学说一句、林同学说一句"的顺序，把这些句子组成一段对话，然后和同学练习对话。**Put the sentences in the correct order to make a conversation. Practise saying this with your partner.**

<u>王同学</u>

A 我在那里教小孩英文，我很喜欢他们。他们又友好又很认真。你在老人院怎么样？

B 我今年去了山区的小学做义工，你呢？

C 明年我也有空，叫上我吧！

D 挺好的。我觉得帮助这些老人，就像帮助自己的爷爷奶奶。你明年还去吗？

<u>林同学</u>

1 我喜欢在老人院做义工。我的工作就是帮助他们，给他们弹钢琴，或者读书给他们听，我还帮他们打扫房间。

2 好啊! 我们可以为社区服务是一件开心的事情。

3 我也在我家附近的老人院做志愿者。你都做什么工作？

4 明年我想做别的。我想在社区举办的慈善活动上卖东西。

_B_ _____ _____ _____ _____ _____ _____ _____

➔ *Grammar: A4 Verbal aspect marker* 着 – *indicating a state resulting from an action*
SB p.311, Sentence particle 了 *indicating a changed situation SB p.321*

6 写一篇短文, 说说你做过的社区或义工服务, 你要写到: **Write a text in Chinese to introduce community or volunteer service you have done. Mention:**

- 介绍一下你做过的社区/义工服务。(在哪里做的? 做了什么样的工作?)
- 你在做义工的时候遇到了什么困难?
- 你学到了什么? (我比以前更……了, 也越来越……)

_____

_____

_____

_____

9.2 环境问题 Environmental issues

1 把词语配对组成短语。**Match the words to make phrases.**

1 空气   a 变化
2 气候   b 环境
3 人口   c 污染
4 保护   d 过多
5 节约   e 水电

2 用方框里的词语完成句子, 然后练习说一说。**Complete the sentences with words from the box. Practise saying these.**

| 工厂 | 儿童 | 政府 | 节约 | 以上 | 没想到 | 按照 |

1 中国的很多城市都有 1 千万_____的人口。

2 _____正在努力给人们更好的教育和生活环境。

3 她才五岁, 是一个_____。

4 我_____马来西亚的人口这么多。

5 如果我们的_____越来越少, 我们的环境也就会越来越好。

6 _____政府的计划, 污染的情况会减少。

7 如果想要减少气候变化, 我们现在就要_____水电。

3 阅读短文并回答问题。

> **绿色城市—新加坡**
>
> 　　新加坡的每个季节都像夏天一样，但是七、八月不是很热，气温一般在26度到32度之间，这是因为他们的环境保护做得很好。新加坡政府为了减少空气污染，不让城市里有很多工厂和汽车，也要求人们多使用公共交通工具，比如坐公共汽车、地铁或者骑自行车。除了这个以外，他们的公园里有很多的树、森林和湖，养了很多野生动物。有很多义工在周末、节日的时候，组织活动来告诉大家怎么保护环境。新加坡还有一个有名的植物园，在市中心的西北边。这个植物园不要门票，是免费的。政府想让每个人都知道要保护环境。

1 新加坡夏天不是很热的原因是什么？

_____

2 新加坡政府为什么不让城市里有很多工厂和汽车？

_____

3 新加坡的公园里除了树还有什么？

_____

4 义工在周末和节日的时候做什么？

_____

5 政府做了什么来让大家觉得植物园很好？

_____

4 圈出正确的字。**Circle the correct character in the sentences.**

a 我们(刚 / 钢)到这里就有雾。

b 你看到有一个人在前面（要 / 摇）着手吗？

c 空气污染让我们的气候（便 / 变）化太大。

d 妈妈常常（担 / 但）心孩子吃饭吃得不健康。

e （安 / 按）照政府的方法，我们可以让教育变得更好。

f 野生动物非常需要我们每个人的保（护 / 户）。

g 伦敦以前叫 "（物 / 雾）都"，空气污染很严重。

5 用下列句型重写句子。**Rewrite the sentences using the structures below.**

越……越……

例子 For example: 工厂变多了，气候变化也更大了。
　　　　　　　　工厂越多，气候变化越大。

1 他一直说，我就更担心了。

_____

2 我学中文几年了，我还觉得中文有意思。

_____

3 没想到他每天跑步, 三个月以后就跑得这么快。

_____

也……也……

例子 For example: 开电动车和骑自行车的人变多了, 这是好事情。

开电动车的人也多了, 骑自行车的人也多了, 这是好事情。

4 只有你和我都做到了节约水电, 才能保护世界。

_____

5 我爸妈和我朋友都生气, 这让我很难过。

_____

6 他们两个是非常好的朋友, 因为从小学到中学都在一起上学。

_____

6 写出你可以做的保护环境的三件事, 练习说一说。**Write down three different things that you could do in the future to protect the environment. Practise saying this with your partner.**

1 _____

2 _____

3 _____

9.3 保护地球, 从我做起 Saving the world, starting at home

1 用方框里的词语完成句子。 **Complete the sentences with words from the box.**

| 地球 | 纸袋 | 出门 | 举办 | 厚 | 迟 | 二手 |

a 我们应该保护我们的_____。

b 买东西的时候, 我用_____而不是塑料袋。

c 妹妹今天上学_____了, 因为没人叫她起床。

d 他买了一条_____裤子, 便宜又好看。

e 我们学校下个月要_____一个体育活动。

f 天气太冷了, 穿_____一点的衣服比较好。

g 记住_____的时候要关灯!

2 圈出正确的字。**Circle the correct character in the sentences.**

1 现在越来越多的超市只卖（纸 / 低）袋，不卖塑料袋。

2 做好（还 / 环）境保护才能让我们有一个干净的地球。

3 我们学校的义工活动就是到沙滩（脸 / 捡）垃圾。

4 如果家里的东西坏了，应该先（修 / 休）。

5 塑（料 / 科）瓶装水要少喝，对我们的身体不好。

6 这张桌子的高（低 / 底）刚刚好。

3 用下列词语造句，然后练习说一说。**Use the words to write sentences. Practise saying these.**

例子 For example: 回收, 保护, 垃圾
保护环境可以从回收自己家的垃圾开始。

1 塑料袋, 丢掉, 浪费

_____

2 出门, 关灯, 节约, 保护

_____

3 举办, 还 (huán), 地球, 活动

_____

4 二手, 低, 价格, 买

_____

4 用"不……吗"句型, 把句子翻译成中文。**Use '不……吗' to translate the following sentences into Chinese.**

1 Don't you turn off the light when you go out?

_____

2 Doesn't he want to have a new coat?

_____

3 Don't you want to go home first and go out later?

_____

4 Couldn't you put the rubbish in the bin?

_____

5 在左边的表里找到右边方框里的单词, 圈出来。**Find and circle the words from the box.**

少	环	节	约	用	水	上
用	人	约	雾	担	车	没
塑	二	用	还	汽	手	保
料	修	电	共	关	气	护
袋	出	公	工	以	样	地
口	有	下	少	开	车	球
多	坐	公	共	汽	车	没

保护地球	节约用水	节约用电
少开车	少用塑料袋	多坐公共汽车

6 阅读短文并回答问题。

爱地球从我做起

　　我们每天都生活在地球上, 所以应该爱护我们的环境。出门时应该记得关灯, 不要浪费电。买东西时不要买更多的塑料袋, 可以自己带纸袋。看到地上有垃圾, 我们要捡起来丢到垃圾箱里。旧衣服不要丢掉, 可以在网上的二手服装店里卖掉。如果想要买新东西, 也可以先在二手店里找一找, 这样又能少花钱, 又能减少浪费。除了这些以外, 现在有些商店也可以帮你修理家里的电子产品或家具, 这样就不一定要买新的了。环保其实很简单, 从我们每一个人做起。

a 我们出门时应该做什么?

_____

b 去买东西的时候, 我们做什么可以保护环境?

_____

c 如果有旧衣服可以做什么?

_____

d 如果想买新东西, 可以去哪里找找?

_____

e 如果家里的电子产品或家具坏了, 必须丢掉吗?

_____

7 在学校的环保周活动中，向同学介绍你怎样在家里和学校做到环保。用下面的句型写一段短文，并练习说一说。**Talk to your classmates about how to be environmentally friendly at home and at school during the school's Environmental Protection Week. Write a paragraph using the sentences below to help you, then practise saying it with your partner.**

离开房间的时候，应该……

出门的时候，可以……

我应该把家里的垃圾……

在学校看到垃圾，应该……

_____

_____

_____

_____

_____

_____

9.4 全球性问题 Global issues

1 用方框里的词语完成句子。**Complete the sentences with words from the box.**

| 知识 | 看法 | 怕 | 破坏 | 出来 | 关于 | 为 |

a 空气污染已经严重地_____了我们的生活环境。

b _____全球变暖这个问题，我怕以后会越来越严重。

c 我对谁应该去上学的_____是：男孩女孩都一样，都应该去学校学习。

d _____社区服务是我们每个人都应该做的。

e 很多人_____气候变化会让我们的生活越来越困难。

f 在一些国家，没有钱的孩子不能上学学习_____。

g 我们需要站_____，为我们的地球做点儿事。

2 用下列句型，把词语按正确的顺序组成句子。**Put the words in the correct order to make sentences, using the structures below.**

Sentence particle 了：

1 看法/改变/。/我的/，/我妈妈/没有/但是

_____

2 修好/这台电脑/。/，/买/不用/新的

_____

是……的 construction:

3 西安/长大/我妈妈/在

_____

4 这件衣服/二手商店/买/我/在

_____

comparison with 比……：

5 气温/现在的/ 1.6 度/20年前/高

_____

6 我/我弟弟/快/游泳/5分钟

_____

3 把问题和回答配对，然后练习和同学对话。**Match the questions to the answers. Then practise the dialogue with a partner.**

A 全球变暖的原因是什么？

B 关于全球变暖的问题，你有什么看法？

C 我们可以怎么帮助我们的孩子？

1 我很担心地球的温度越来越高，我们的孩子生活会越来越困难。

2 我们必须要开始保护环境，少买东西，做好垃圾回收，不要浪费。

3 是工厂越来越多，汽车、飞机这些交通工具太多，让气温变高了。

9.5 作为世界公民，我们能做些什么？**What can we do as global citizens?**

1 把词语配对组成短语。**Match the words to make phrases.**

正确　　　　　迟到
开会　　　　　的判断
改变　　　　　老人
有意义的　　　讲话
照顾　　　　　我们的生活方式

→ *Grammar: A2 Sentence particle*了 *indicating a changed situation SB p.321, The* 是……的 *construction SB p.322, Comparisons using* 比 *SB p.315*

2 把词语按正确的顺序组成句子，然后练习说一说。**Put the words in the correct order to make sentences. Practise saying these.**

a 上去/刚/飞机/飞了

_____

b 听/我的话/了/你/进去/吗/？

_____

c 我/就/电影院/走/刚/看到/出来/我的朋友/从/

_____

d 这么大的房子/买/一定要/吧/下来/不少钱/？

_____

e 起来/很难/没有/这件事情/看/

_____

f 请问/要怎么/这个公园/出去/走/？

_____

3 用方框里的词语完成短文。**Complete the text with words from the box.**

照顾	讲话	判断	开会	正确	改变

小天最近参加了学校的意见交流俱乐部。这个俱乐部是把全球性问题拿出来让大家一起谈一谈，每个同学都可以 1 _____，把自己的看法在 2 _____的时候说出来。最近大家都在谈：

老人变多的问题：老年人越来越多，我们要怎么安排 3 _____这些老人？

心理问题：我们应该 4 _____地去看心理问题，谁可以帮助我们？

将来的生活：是不是让电脑帮我们做所有的 5 _____？我们还会做什么？

世界变化太快：怎么 6 _____我们的生活方式来习惯这些变化？

4 阅读短文并完成表格。

Q: 在全球化的今天，我们怎样才能成为世界公民？

A: 我们应该关心环境问题。现在气候变化问题越来越严重。全球气温比20年前高出0.7度。如果我们还不改变生活方式，到2100年气温可能会高出3度以上。所以我们应该少用塑料的东西，回收垃圾，少开车。

B: 另外一个问题是很多人有心理问题。很多年轻人因为学习压力太大，或者因为社交网站的影响，变得担心自己的样子而有社交压力。我认为帮助他们的方法是少用社交网站，多跟他们交流，让他们找回快乐。

	什么问题	怎么解决
A		
B		

5 把句子翻译成英语或你常用的语言。**Translate into English or your preferred language.**

a 作为一个世界公民，我们要了解全球性的问题。

_____

b 我刚才看了一下地图，火车站离我们这里还很远。

_____

c 哥哥去上大学了，我在家里帮忙照顾他的小狗。

_____

d 等我们走出自己的国家，就会发现世界很大。

_____

e 聪明的人应该判断情况，然后做正确的事情。

_____

f 保护环境，从我做起。

_____

6 用完整的句子回答问题，然后和同学练习对话。**Answer the questions. Then practise these with your partner.**

1 如果你的朋友觉得压力大，你会怎么帮助他/她？

_____

2 你的国家对回收垃圾有什么看法？

_____

3 为了保护环境，你将来会怎么做？

_____

_____

Chapter 9 Exploring Language

1 读一读下面的部首和汉字，看一看它们的结构，试一试填空。把词语翻译成英语或你常用的语言。**Read the radicals and characters below, look at their structure, and try filling in the blanks. Then translate into English or your preferred language.**

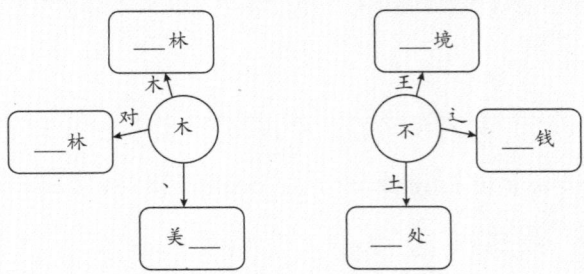

2 用方框里的字组词，越多越好。**Using characters from the box, write as many words as you can using each character.**

1. 工	2. 变	3. 情	4. 心	5. 以

1 _____

2 _____

3 _____

4 _____

5 _____

3 写出下面词语的英文意思，不知道的词猜猜它们的意思。**Translate the following groups of words into English. Try to guess the meaning of the words you haven't learned.**

1 解决，了解，正确，角度

_____

2 事情，情况，心情，晴天

_____

3 空气，气候，天气，生气

_____

4 保护，护士，爱护，护工

_____

4 写出下面词语的中文意思。**Translate into Chinese.**

global _____ world _____ international _____

Earth _____ sun _____ moon _____ star _____

Conversation

和同学一起就"环境保护"这个话题进行对话, 回答对方的问题, 然后交换角色。**Work with a partner to have a conversation on the theme of environmental protection. Answer your partner's questions. Then, change roles.**

1 你的国家有哪些污染?

> **Vocabulary**
>
> 我的国家有……(空气污染、水污染、垃圾污染)。
>
> 因为污染, 所以……(天气越来越热, 空气质量很差), 还有越来越多的人……(生病, 没有……)。

2 你喜欢爬山还是看海? 为什么?

> **Vocabulary**
>
> 我觉得爬山/看海比看海/爬山有意思。
>
> 我特别喜欢看山区/海边的风景, 也喜欢……。
>
> ……有很多好处, 一方面 (对我的身体好), 另一方面……

3 你参加过学校的哪些环保活动?

> **Vocabulary**
>
> 我参加了学校举办的 (绿色周、回收垃圾、种树、……) 的活动。
>
> 在活动中, 我还……
>
> 我觉得参加这些活动 (很重要、很有意义)。

4 你觉得保护环境重要吗?

> **Vocabulary**
>
> 我觉得很重要。因为……, 所以……
>
> 如果我们不能保护环境, 这个世界会有更多污染, 我们就没有新鲜的 (空气、水)。
>
> 也许……

5 为了保护环境, 你应该做什么?

> **Vocabulary**
>
> 我应该做好回收。
>
> 买东西的时候, 我可以……, 也……。
>
> 我们应该少 (买东西, 开车), 多 (走路, ……)。

10 对未来充满期待 Excited about the future

10.1 解决问题 Solving problems

1 用方框里的词语完成句子。Complete the sentences with words from the box.

> 收　换　退货　减价　取钱　顾客　零钱　马上　不一定

1 这个＿＿＿＿＿＿要买背包。

2 妈妈到银行去＿＿＿＿＿＿。

3 玩电子游戏＿＿＿＿＿＿会影响学习。

4 我的衣服脏了，我想回家＿＿＿＿＿＿。

5 弟弟受伤了，爸爸＿＿＿＿＿＿带他去医院。

6 节日的时候，商场会有很多＿＿＿＿＿＿的东西。

7 我要＿＿＿＿＿＿，这个手机昨天才买，今天就坏了！

8 下雨了，把衣服从外面＿＿＿＿＿＿进来。

2 把句子按正确的顺序组成短文，然后练习朗读这段话。**Put the sentences in the correct order (1-5) to make a story. Practice saying these.**

a 可是他没有现金。＿＿＿＿＿＿

b 他看到今天商店有减价。＿＿＿＿＿＿

c 李明今天起床以后打算去买一件衣服。＿＿＿＿＿＿

d 最后，他买到了一件便宜的衣服。他很高兴。＿＿＿＿＿＿

e 所以他先去银行取了钱。＿＿＿＿＿＿

3 把词语按正确的顺序组成句子。**Put the words in the correct order to make sentences.**

1 好/不一定 / 东西 / 贵的

＿＿＿＿＿＿＿＿＿＿＿＿＿＿＿＿＿＿

2 越来越 / 中文 / 好了 / 的 / 我

＿＿＿＿＿＿＿＿＿＿＿＿＿＿＿＿＿＿

3 高兴 / 就 / 他 / 一看见 / 朋友 / 很

＿＿＿＿＿＿＿＿＿＿＿＿＿＿＿＿＿＿

4 不去 / 公园 / 下雨了, / 因为 / 所以 / 我们

＿＿＿＿＿＿＿＿＿＿＿＿＿＿＿＿＿＿

5 有空, / 如果 / 明天 / 看电影 / 就/我 / 去

_____

6 以外, / 他 / 还会 / 踢足球 / 打篮球 / 除了

_____

4 阅读短文并回答问题。

> 我是 Maya, 我和朋友 Niely 一起去商场。她昨天在这里买了一条裤子, 但是裤子太大了, 所以想去换。服务员告诉 Niely: "你要的大小没有了, 需要等一个星期。" 她有点儿失望。后来, 我们去超市买日常用品, 因为我的牙膏用完了。我们发现很多东西都在减价! 我买了很多打折的东西, 省了一些钱, 我太高兴了。

1 Niely 为什么去商场? _____

2 听了服务员的话以后, Niely 觉得怎么样? _____

3 她们去超市的原因是什么? _____

4 在超市里, 她们发现了什么? _____

5 为什么 Maya 很开心? _____

5 再读练习 **4** 的短文并填写表格。**Read the text in activity 4 again. Complete the table.**

名字	问题	解决方法	影响 (正面/负面)
Niely	1	去商场换	3
Maya	牙膏用完了	2	正面

6 根据下面的情景, 用方框里的词语回答问题。然后练习和同学说你的答案。

Read the situation and answer the questions using the words in the box. Then practise saying this with your partner.

情景 Situation: 你发现朋友的数学成绩越来越差, 因为他害怕问老师问题。

可以   必须   应该

1 如果朋友还是害怕问老师, 你建议他怎么办?

_____

2 说一说你的学习方法。

_____

3 帮助朋友学习对你有什么正面的影响?

_____

→ *Grammar: A6 Auxiliary verbs* 可以、应该、必须 SB *p.308*

10.2 未来计划 My future plans

1 把问题和回答配对, 然后和同学练习对话。**Match the questions to the answers. Practise saying these.**

1 你未来想结婚吗?   a 我想到欧洲去。

2 你打算做什么工作?   b 这是租的。

3 长大以后, 你想到国外生活吗?   c 我想先找到好工作再结婚。

4 这房子是租的还是买的?   d 我想当老师。

5 假期你想到哪里旅行?   e 当然想, 我想到加拿大生活。

2 圈出句子中的错字, 并写出正确的字。**Find and circle the incorrect character in each sentence. Write the correct one.**

1 我咸觉自己要生病了。_____

2 爸爸在帮我办里出国的签证。_____

3 Nadia 讲来想到澳大利亚工作。_____

4 妈妈出门买菜要我昭顾好弟弟。_____

5 这东西是免费的, 不需要付钱。_____

6 姐姐上网买的包果已经送到家了。_____

7 妹妹在动物园里看到了侯子和大象。_____

8 为了保护地球, 人们应该少用速料袋。_____

3 把句子翻译成英语或你常用的语言。**Translate into English or your preferred language.**

1 我弟弟长大后想当律师。

_____

2 如果考试成绩好, 我会庆祝一下。

_____

3 毕业以后, 他们打算在上海工作两年。

_____

4 留学生要先办理签证才可以去国外。

_____

5 天气预报说会下雨, 我们还要去野餐吗?

_____

4 阅读以下短文并回答问题, 然后练习说说这些句子。**Read the text and answer the questions. Practise saying these.**

> 学生 A: 我将来打算去国外留学。我想了解不同的文化, 也想认识新朋友。我感觉在国外学习会让自己变得更好。
>
> 学生 B: 我觉得现在上大学已经很忙了, 将来工作会更累。不过, 我还是要努力学习, 将来找一个好工作。我希望能找到一个又有趣又挣钱多的工作。
>
> 学生 C: 我以后想开一家咖啡馆。我喜欢安静的环境, 也喜欢和朋友聊天。
>
> 如果可以, 我还想在咖啡馆里养一些猫和鱼。
>
> 学生 D: 我希望将来工作以后有了钱, 可以去全世界旅行。我想去不同的国家看看风景, 也想吃吃他们的食物。

1 哪位同学正在读大学? _____

2 哪位同学计划将来挣钱去旅行? _____

3 哪位同学想在工作环境里养宠物? _____

4 哪位同学认为在国外可以了解不同的文化? _____

5 哪位同学没有说到工作? _____

6 哪位同学希望以后能找到不错的工作? _____

5 根据你自己的情况, 回答下面有关未来计划的问题, 并写出答案。然后和同学练习对话。**Answer the questions about your future plans in complete sentences. Then practise with a partner.**

1 你将来想出国工作吗? 为什么?

_____

2 你为这个计划做了什么准备?

_____

3 除了工作以外, 你对未来还有哪些计划?

_____

6 写一写你最近参加过的婚礼。**Write about a wedding you have attended recently.**

- 你参加了谁的婚礼;
- 婚礼在哪儿举行;
- 你觉得这个婚礼怎么样;
- 你将来想结婚吗? 为什么?

_____

_____

_____

_____

_____

_____

10.3 技术：过去，现在和未来 Technology: past, present and future

1 用方框里的词语完成句子。**Complete the sentences with words from the box.**

> 点赞　人工智能　无线　应用　网红　上传

1 这个餐厅有＿＿＿＿＿网络，
所以可以上网。

2 那个＿＿＿＿＿上传的视频非常有意思。

3 ＿＿＿＿＿帮助我们提高了工作水平。

4 人们都习惯用手机的聊天＿＿＿＿＿
来交流。

5 我把旅行的照片都＿＿＿＿＿到了社交网站上。

6 我常常在朋友圈给朋友的照片＿＿＿＿＿。

2 圈出不属于该组的词语，并说明理由。**Circle the word that doesn't belong in the group. Give reasons for your choice.**

1 照相机 / 手机 / 点赞 / 电脑 ＿＿＿＿＿＿＿＿＿＿＿＿＿＿＿＿

2 人工智能 / 害怕 / 机器 / 平板电脑 ＿＿＿＿＿＿＿＿＿＿＿＿＿＿＿

3 应用 / 无线 / 支付 / 老师 ＿＿＿＿＿＿＿＿＿＿＿＿＿＿＿＿

4 洗碗机 / 洗衣机 / 司机 / 飞机 ＿＿＿＿＿＿＿＿＿＿＿＿＿＿＿

5 软件 / 信封 / 网络 / 应用 ＿＿＿＿＿＿＿＿＿＿＿＿＿＿＿＿

6 关上 / 博客 / 短信 / 留言 ＿＿＿＿＿＿＿＿＿＿＿＿＿＿＿＿

3 下面的句子是回答。请用"哪些"和方框里的词语写出相应的问题。然后和同学练习对话。**The sentences below are answers. Write the questions that match them using "哪些" and the words in the box. Practise saying these with a partner.**

例子 For example: 我喜欢用 WeChat 和 WhatsApp。→ 你喜欢用哪些应用？

> 书　活动　古迹　电子设备　运动　建筑　应用

1 我参观过长城和故宫。

_____

2 我家里有电脑、手机和电视机。

_____

3 我最喜欢的运动是篮球和足球。

_____

4 我周末会看电影、听音乐和看书。

_____

5 这个城市有很多高楼和公园。

_____

6 我买了小说、漫画和杂志。

_____

4 读句子，判断这些技术带来的影响是正面的还是负面的。

1 现代机器能帮助我们做家务。（正面 / 负面）

2 用智能手机聊天，让很多人不知道在生活里怎么和人交流。（正面 / 负面）

3 没有网络，我们就不能使用手机地图。（正面 / 负面）

4 上网买东西很方便，不用出去也可以买到想要的东西。（正面 / 负面）

5 在社交网站上看到的一些东西是不正确的。（正面 / 负面）

6 人工智能可以帮助医生更快地看病。（正面 / 负面）

5 阅读短文并回答问题。

> 现在，越来越多的现代机器进入了我们的家庭，它们让我们的家务变得更简单。例如，洗衣机可以帮我们洗衣服，洗碗机可以帮我们洗碗。有了这些机器，我们可以有更多的时间来学习或者和家人朋友玩儿。但是，这些机器都比较贵，不是每个人都能买。另外，如果我们总是让机器做所有的事情，我们可能会变懒。

1 现代机器进入家庭的好处是它们让_____

A 人们变得更聪明。　**B** 家务变得更简单。　**C** 机器更便宜。　**D** 机器帮助人学习。

2 有了这些现代机器，人们可以有更多时间_____

A 上网买东西。　　**B** 工作赚钱。　　**C** 和家人朋友玩儿。　**D** 做家务。

3 这些机器都比较_____

A 贵。　　　　　　**B** 懒。　　　　　　**C** 小。　　　　　　**D** 重。

4 使用这些机器的坏处是什么？_____

A 机器用电太多。　**B** 人可能会变懒。　**C** 机器太慢。　　　**D** 机器容易坏。

6 写出三种人工智能在学习中的正面影响。然后和同学练习说说这些句子。**Write three positive ways in which artificial intelligence helps your learning. Then practise saying them with a partner.**

1 _____

2 _____

3 _____

10.4 未来会怎样? What will the future look like?

1 写一写你的生活习惯。参考括号中的句型回答问题, 然后和同学练习对话。**Write about your lifestyle habits. Use the questions and sentence prompts to help you. Then practise saying these with a partner.**

1 "你有哪些健康的生活习惯?"("我每天都……, 我觉得这很健康。")

_____

_____

2 "你有没有不健康的生活习惯?如果有, 你打算怎样做?"("我不喜欢……, 我觉得这是不 健康的, 我希望以后能……)

_____

_____

2 阅读对话并回答问题。

> Sirilak: 你最近买什么东西了吗?
>
> Priya: 我上个星期去了一家二手商店, 买了一件很不错的大衣。那里的服务员很客气, 而且可以选择的东西很多。
>
> Sirilak: 太好了! 我也喜欢买二手的东西, 价格比较便宜。有的二手商店现在会用机器人帮忙, 对吗?
>
> Priya: 对! 他们会用机器人帮助顾客检查东西有没有问题。这让我很满意。
>
> Sirilak: 那太酷了!
>
> Priya: 是啊, 我觉得买二手东西很好, 不但可以减少浪费, 还可以找到一些特别的东西。

1 Priya 上个星期去了哪里? _____

2 Priya 在那里买了什么? _____

3 Priya 为什么觉得那里不错? _____

4 Sirilak为什么喜欢买二手的东西? _____

5 那里的机器人有什么功能? _____

6 Priya 觉得买二手东西有什么好处? _____

3 再读练习 **2** 的的对话, 找出与下面英文相对应的词语。**Read the text again and find the Chinese words that correspond to the following English words.**

1 robot _____

2 polite _____

3 satisfied _____

4 check _____

5 second-hand _____

6 gain _____

4 把词语按正确的顺序组成句子, 然后练习说说这些句子。**Put the words in the correct order to make sentences. Practise saying these.**

1 方便 / 上网 / 很 / 现在 / 买 / 东西 _____

2 每天 / 玩 / 健康 / 会 / 影响 / 电子游戏 _____

3 会 / 身体 / 医生 / 病人 / 检查 / 的 _____

4 很多 / 国家 / 我 / 去 / 以后 / 旅游 / 希望 / 能 _____

5 多 / 应该 / 运动 / 在我看来, / 学生 _____

5 把句子翻译成英语或你常用的语言。**Translate into English or your preferred language.**

1 人工智能让生活更方便。

_____

2 老师会检查我们的作业。

_____

3 一般来说, 在网上买东西会比较便宜。

_____

4 机器人给我们的生活带来了正面和负面的影响。

_____

6 写一篇短文, 说说你觉得人工智能会怎样影响我们的未来。**Write a short essay about how you think artificial intelligence will affect our future. Use the questions to help you.**

• 你喜欢现在的生活方式吗? 为什么?

• 将来的生活中会有更多人工智能, 你觉得这样的生活怎么样?

• 你觉得将来哪些工作会用机器人?

- 机器人工作会给人们带来哪些负面影响？

_____

_____

_____

_____

_____

10.5 让世界更美好 Making the world a better place

1 选择正确的选项，与左边的词语配对。**Choose the correct option to match the phrases on the left.**

1	健康的生活方式	a	不用出门，很方便
2	人工智能带来的负面影响	b	少用塑料袋
3	在网上买东西的好处	c	让世界变得更美好
4	保护环境的做法	d	每天都运动
5	社交网站的坏处	e	使人变得更懒
6	做义工的目的	f	有的新闻不正确

2 阅读下面学生的想法并回答问题。

> 学生 A: 我觉得让世界变得更好的办法是节约用电和用水，还要少用塑料袋。
>
> 学生 B: 在我看来，做义工可以让国家变得更好，帮助有需要的人也会让自己感到快乐。
>
> 学生 C: 一般来说，人工智能让我们的生活更方便，但是我们要小心地用它。
>
> 学生 D: 我觉得如果大家一起保护环境，我们的生活环境会更好。

1 学生 A 觉得怎么能让世界变得更好？

_____

2 学生 B 打算怎样帮助别人？

_____

3 学生 C 觉得人工智能给我们带来的正面影响是什么？

_____

4 学生 D 认为怎样做才能让生活变好？

_____

3 你想让世界变得更好。请写一写: **You want to make the world a better place. Write about:**
- 你觉得现在世界有什么问题;
- 你认为人们可以做什么让这个问题变好;
- 除了这个问题以外, 你还关心哪些事情;
- 长大以后, 你打算怎样让世界变得更好？

_____

_____

_____

_____

_____

_____

能 **néng** *can; be able to; energy; capability*

The character 能 (néng), meaning 'can', 'be able to', 'energy', or 'capability', can be traced back to ancient pictographs. Its earliest forms in oracle bone script depicted a bear (a meaning now carried by the character 熊 xióng); an animal symbolising immense physical strength and potency.

Over time, the character's form stylised and simplified, and its meaning evolved as well. It shifted from denoting the actual animal to expressing the abstract concept of the capability of such a creature. This shift from 'bear' to 'ability' is a classic example of meaning abstraction in Chinese characters.

In its modern form, 能 is classified under the 月 (yuè) radical. However, this component is a stylised form of 肉 (ròu), meaning 'flesh' or 'meat', not the character for 'moon'. This element originally represented the bear's robust body, reinforcing the idea of physical power that was the foundation of its meaning.

1 读一读"月"这个部首的意思，写出学过的有"月"的词语，越多越好。**Look at the 月 radical. Read about it. What characters/words have you learned that have these radicals? Write as many as you can.**

The character 能 (néng) is classified under the 月 radical. This radical has two main meanings: 'body' (from 肉, flesh) and 'moon/time'.

1 月 meaning 'body' or 'flesh': (for example:脑)

_____

2 月 meaning 'moon' or 'time': (for example:期)

_____

3 Other common characters with 月: (for example:朋)

_____

2 写三个有"能"的句子。**Write three sentences using the word 能.**

_____

_____

_____

3 将下面的词语翻译成英语或你常用的语言。然后圈出不属于该组的一个词语并说明理由。**Translate into English or your preferred language. Circle the word that doesn't belong in the group. Give reasons for your choice.**

1 功能：_____

2 可能：_____

3 智能：_____

Role play

和同学一起完成这个角色扮演, 回答对方的问题, 然后交换角色。**Work with a partner to carry out this role play. Answer your partner's questions. Then, change roles.**

你和你的朋友在谈论未来的计划。他/她问你一些问题。**You are talking about your future plans with a friend. Your friend is asking you some questions.**

你: 你自己 同学: 你的朋友

同学: 你将来想做什么工作?

你: ……

Vocabulary

我将来想当一名 (老师/医生/律师/护士)。

同学: 你为这个工作做了什么准备?

你: ……

Vocabulary

我会 (努力读书, 多看书, 认真上课)。

同学: 你将来想出国工作吗? 为什么?

你: ……

Vocabulary

我将来想出国工作, 因为 (我想看看世界, 也想体验不同的文化。) /我将来不想出国工作, 因为 (我喜欢跟家人在一起, 如果出国, 陪家人的时间会比较少)。

同学: 你将来打算工作到多大年纪? 退休以后, 你打算做什么?

你: ……

Vocabulary

我将来打算工作到 (六十岁左右)。退休以后, 我打算 (做一些会让自己开心的事情, 比如: 去旅行, 或者养宠物/种花)。

同学: 你觉得将来有什么工作会让人工智能来做? 为什么?

你: ……

Vocabulary

我觉得将来 (一些简单的工作会让人工智能做, 比如工厂/洗碗工人, 因为机器人做事/洗碗机又快又不会累)。